DIPLOMATIE

ET

NATIONALITÉ

PARIS. — TYP. DE PILLET FILS AINÉ, RUE DES GRANDS-AUGUSTINS, 5.

G. GANESCO

DIPLOMATIE

ET

NATIONALITÉ

Marchez (rois) à la tête des idées de votre siècle, ces idées vous suivent et vous soutiennent.
Marchez à leur suite, elles vous entraînent.
Marchez contre elles, elles vous renversent.

NAPOLÉON III, *Fragments historiques*.

L'imprévoyance des hommes fait la part de l'imprévu dans le monde beaucoup plus grande qu'elle ne devrait l'être.

ÉMILE DE GIRARDIN, la *Politique universelle*.

PARIS

A LA LIBRAIRIE NOUVELLE

15, BOULEVARD DES ITALIENS, EN FACE DE LA MAISON DORÉE.

1856

DIPLOMATIE

ET

NATIONALITÉ

CHAPITRE PREMIER

OPINION PUBLIQUE. — PAIX. — ÉQUILIBRE.

Chargée des fautes et des hontes de quatre siècles (1453-1853), la question d'Orient réussit enfin à écarter les avalanches de mensonges qui l'encombraient, et elle se montra aux yeux du monde, les mains remplies d'avenir et de destinées nouvelles.

L'occident de l'Europe les contempla avec surprise. Les uns s'écrièrent : « C'est ce que nous vous avions depuis si longtemps annoncé ; » — les autres répondirent : « C'était, hélas ! ce qui nous avait fait précisément vous prendre pour des rêveurs... » Les uns et les autres se tendirent la main pour se réconcilier et pour se pardonner les fautes graves dont on s'était rendu coupable de part et d'autre.

Et on convint qu'il fallait bien réfléchir, beaucoup étudier, beaucoup apprendre, avant de crier à l'*utopie*..., à l'*idée fixe*... On voulut même lire dans l'histoire, — en expiation sans doute de ce que l'immortel Brunelleschi n'avait été traité de fou que parce que, « calculateur impitoyable, il regarda d'un œil « sévère ces fantasques constructions gothiques, con« testa leur solidité, et contre leur fragile orthodoxie, « bâtit la durable hérésie qui *maintenant est la foi de « l'art.* »

La querelle engagée à la porte de la sépulture du Christ, et les mots de guerre et de mort prononcés dans cette mystérieuse et imposante enceinte où repose, immortel depuis dix-huit siècles et demi, l'arbre symbolique de la fraternité et de la paix humaines, se convertirent bientôt en ces autres mots bien différents : Alma, Bomarsund, Inkermann, Balaclava.

La justice humaine parut satisfaite, et l'erreur expiée.

On alla déposer le dossier du procès à Vienne. L'harmonie devint complète : à Vienne, on parlait; en Crimée, on se battait.

Mais le canon ayant retenti plus haut que la parole, l'harmonie, qui cependant ne venait que de naître, cessa bientôt. Sans doute elle n'était pas assise sur des bases suffisamment larges; on avait besoin de Traktir, de Sébastopol, de Kinbourn, de Kars : on les eut avec toutes les gloires et avec toutes les douleurs possibles.

L'Europe sembla jouir au milieu de la tempête. Ce n'était cependant autre chose que la joie de la confusion. Les principes, les convictions, les espérances, les passions, se réservèrent à la fois le triomphe, les craintes, les hésitations, l'exaltation, le dédain même. De toute part on fut prodigue de mots tels que : liberté, civilisation, équilibre, indépendance des peuples opprimés, démembrement de deux ou trois Etats, reconstitution de la Pologne, incorporation des principautés danubiennes, maintien du *statu quo ante bellum*, etc. Et comme contingent méprisable, arrivèrent en bloc les insultes grossières, du plus mauvais goût, prodiguées follement à des souverains aimés et respectés de leurs peuples... Tout cela passa sous nos yeux, et tout cela échappa à toute définition, encore plus à une conclusion. Les phrases, les mots, qui partaient de tout côté, s'excluaient les uns les autres;

les événements de même. On eût dit que le conflit qui tenait le monde en haleine voulait tirer parti de toutes ses étranges péripéties, de tous ses inintelligibles procédés, et qu'il semblait jeter le défi d'être compris de cette pensée humaine qui, semblable à l'éclair, a franchi l'espace qui sépare le monde de Dieu. Aussi, nous demandâmes-nous, avec M. le comte de Ficquelmont, si nous n'étions pas condamnés à jouer un de ces grands drames antiques d'Euripide et de Sophocle, dans lesquels les héros périssent comme prédestinés, leurs passions elles-mêmes n'étant si libres et si fougueuses que pour les conduire plus sûrement à leur perte.

Mais, de ces paroxysmes, de ce pêle-mêle, ne sortirait-il pas quelque chose : une croyance, une religion, un principe vainqueur et assez puissant pour nous faire repousser le joug de ces appréhensions ?

Oui !

L'éternel juge et l'éternel protecteur de l'homme, l'OPINION PUBLIQUE, méconnu pendant de longs siècles, quoique toujours triomphant, est, un beau jour, solennellement réintégré par l'empereur des Français dans tous ses droits impérissables et dans toutes ses prérogatives sacrées.

Une ère nouvelle commença pour l'Europe : *elle appartiendra tout entière à l'opinion publique.*

Ce fut à la fois le noble acquittement d'une bien ancienne dette, dont les souverains étaient grevés envers la dignité et la détresse humaines, et un dernier miracle que la Providence produisit au milieu des ruines de tant de principes et de traditions.

Et la paix apparut.

La paix ! quel mot doux à l'oreille ! quel nom aimable et consolant ! La paix est le plus beau rayon qui s'échappe des sociétés humaines, pour annoncer leur maturité. Aussi, notre Europe, ayant conscience de sa force, voit-elle dans la paix son élément naturel, seul digne d'elle, seul compatible avec la sphère immense de développement, de travail et de progrès dans laquelle elle se trouve engagée, de vieille date, avec toutes ses forces intellectuelles et physiques, avec tous ses droits et toutes ses légitimes aspirations. Mille fois posé, le problème de sa destinée présente et à venir reçut mille fois de la philosophie et de l'histoire cette solution : *la paix*. Elle a germé dans les flancs des âges, elle a grandi dans ceux de la civilisation ; celle-ci en a souffert toutes les douleurs. Qui pourrait empêcher l'enfantement ?

Personne; quand même nous le tenterions, la nature se chargerait de nous conduire à la paix, même en dépit de nous-mêmes.

Mais de quelle paix parlons-nous ? Il ne faut pas s'y méprendre. Il y a des malentendus funestes.

Les annales des peuples font très-souvent mention d'un être bâtard, naïvement placé sur un piédestal, enfonçant d'une main l'épée dans le fourreau et secouant de l'autre le pommeau de l'épée, à la fois incapable de se tenir tranquille et trop hypocrite pour se montrer hostile; tantôt rougissant devant le mot de guerre comme une jeune vestale devant le bruit d'un scandale; tantôt devenant arrogant devant l'illusion de sa force, comme le serf du moyen âge devant le récit de l'esclavage antique; abritant en même temps le tombeau des espérances déçues et le berceau des espérances naissantes; servant à la fois d'autel aux sacrificateurs en l'honneur d'un présent rempli de muette quiétude, et de sanctuaire à tous les projets, à toutes les prédictions, à tous les devins, à tous les serments dont le mécontentement et la souffrance encensent l'avenir; rassurant de son sourire les palais, et tenant en éveil, par un regard, les conciliabules, la mansarde et la rue; encourageant, dans le même instant, le paisible et loyal commerçant qui aspire à la richesse et à l'abondance, et le jeune et bouillant soldat qui rêve le romantique petit feu du bivac à la veille d'une bataille; fournissant enfin et un prétexte aux hommes gonflés de mots et de vanité, et une excuse aux sages et aux habiles qui diront, avec M. le prince de Metternich : « Puisqu'il faut mourir, autant vaut une apoplexie qu'une mort à petit feu. Eh bien! ce sera la guerre!... (1) »

Ce gros petit monstre, le croiriez-vous, a obtenu dans les archives des Etats, dans les pages de l'histoire même, le nom de... PAIX!

Il va sans dire que les mots n'ont pas toujours répondu à une idée.

Ce n'est pas ce petit monstre-là, ce n'est pas ce non-sens matérialisé qu'entendent obtenir et qu'appellent de tous leurs vœux ces innombrables signataires du pacte universel de travail, de progrès, de paix et de richesse, passé entre les membres de la famille humaine dans les ateliers pendant les deux

(1) Le prince de Metternich au maréchal Maison, ambassadeur de France en 1831, à Vienne, lorsque ce dernier déclarait que la France ne souffrirait pas que l'Autriche entrât dans la Romagne.

expositions de Londres et de Paris. Et ce ne seront pas les princes qui se refuseront à apposer leur signature au bas de toutes les obligations qui leur incomberont par suite de l'immortel contrat. Quand on a eu la sagesse d'en appeler à *la sévère procédure* de l'opinion publique, on aura, n'en doutons pas, toute la dignité voulue pour en subir les conséquences.

Soyons donc confiants, car on s'estime en estimant son époque et ses contemporains.

Soyons donc modérés, car c'est prouver la force impérissable puisée dans la conscience de la bonne cause.

La confiance et la modération n'excluent pas la prévoyance et la fermeté.

Les vertus se tiennent.

Malheureusement, quand n'est-on pas venu opposer son outrecuidance et sa pauvre petite routine aux enseignements du temps, de l'histoire et de la saine raison ? Y a-t-il une seule heure de la vie où l'on ne lance un obus rempli d'anachronismes ? Et faut-il conclure, du long combat de l'erreur et de la diversité des armes et des formes qu'elle emploie, à sa durée et à sa force ? Ne doit-on pas plutôt constater son impuissance, du moment qu'elle ne peut emprunter le calme et la simplicité de la vérité ? Ne voit-on pas que celle-ci ne craint nullement les obstacles qu'on mettrait au jaillissement de sa source? La ravine lui resterait toujours libre, tandis que l'erreur fuit toujours la stabilité des principes; car, une fois étouffée dans ses paroxysmes, elle mourrait à jamais.

Ce sont des vérités assez connues; ce n'est pas leur nouveauté que nous invoquons, c'est leur autorité qu'il nous faut, sur le point de parler de ces gens auxquels la simplification des questions est un fardeau insupportable. On dirait que la logique les annule aussitôt qu'ils la touchent.

La non-existence de la paix en Europe, pendant tant de siècles qu'elle s'est efforcée néanmoins de l'obtenir, étant déjà un fait historiquement acquis à la connaissance de tout le monde, mène nécessairement chacun à se poser la question suivante :

Quelle a été la principale, sinon l'unique cause qui a rendu impossible en Europe la véritable paix ?

Cette question, qui pourrait devenir le sujet des plus longs développements, trouvera sa réponse concentrée dans ce qui suit :

L'Europe politique, ressemblant à la plupart des anciennes villes, dont le plan paraît avoir été tracé par une race d'hommes ennemis des lignes droites, de l'air et du soleil (1);

L'Europe politique, faisant écrire à cette grande femme et grande impératrice, Marie-Thérèse, la protestation suivante, à côté de la signature du traité du partage de la Pologne :

« *Placet*, puisque tant de grands et savants personnages veulent qu'il en soit ainsi; mais longtemps après ma mort, on verra ce qui résulte d'avoir ainsi foulé aux pieds tout ce que jusqu'à présent on a tenu pour juste et pour sacré (2); »

L'Europe politique, arrachant à M. le comte de Vergennes, le ministre du martyr-roi Louis XVI, ces mots à jamais mémorables : « Il ne s'agit donc plus de justice, mais d'égoïsme dans les affaires du monde. Ce qui convient, ce qui est profitable, serait donc toujours juste ! Quelle morale ! (3) »

L'Europe politique, justifiant par les traités de 1815

(1) M. de Pradt, *le Congrès de Vienne*, page 113.

(2) Voyez les histoires générales, par Rotteck, Meiners, César Cantu, etc. Le *Journal des Débats* a reproduit l'année passée, dans ses colonnes, ce mémorable post-scriptum de l'impératrice.

(3) M. le comte de Vergennes à M. de Mercy d'Argenteau, ambassadeur d'Autriche à Versailles.

Voyez *Louis XVI, ses relations diplomatiques*, par M. Capéfigue, chap. v, page 204.

cette inqualifiable maxime du publiciste anglais Gould-Francis Leckie : « Morale et justice ne sont pas plus de mise dans les intérêts des peuples que dans les questions de chimie, de physique ou d'architecture (1). »

Serait-il illogique, après cela, d'affirmer qu'il n'a jamais existé d'équilibre en Europe ? N'y a-t-il pas des conditions d'une éternelle nécessité pour la construction et l'existence de tout corps politique ? Ces conditions, ne faut-il pas aller les chercher et les prendre dans le monde moral ? Et ce dernier ne ferme-t-il pas ses portes à celui qui bâtirait et voudrait se maintenir, sans avoir emprunté les bases de son édifice à ces principes et à ces lois naturels, immuables et absolus, de justice et de raison, qui régissent l'univers ? Et ces principes et ces lois ne forment-ils pas une foi que l'humanité a eue dans tous les âges, une vérité manifeste, incontestée, acceptée par tous, qui n'est resserrée dans les bornes d'aucune religion particulière, mais qui est gravée dans l'âme elle-même par le doigt de Dieu ? — L'équilibre européen, nos citations précédentes nous l'ont dit,

(1) Voyez *la Morale appliquée à la politique*, par E. Jouy, de l'Académie française, chap. VII, page 193.

n'a point porté la marque que ces principes et ces lois éternels impriment sur leur ouvrage. Aussi, répétons-le, n'a-t-il jamais existé. Si le mot : « Équilibre, » a trouvé place dans les protocoles ou dans les écrits de quelques publicistes, on ne l'a fait que machinalement, sans se rendre compte de la valeur du terme, ou pour le moins, on l'a entendu chacun à sa manière et selon les convenances d'intérêt personnel. La philosophie de l'histoire, en abordant les traités où se sont débattus et décidés les grands intérêts de l'Europe, ne saurait faire une meilleure part de son équité aux efforts de l'homme tendant au progrès, qu'en consignant sur la marge de ces mêmes traités le mérite incontestable de leurs signataires, d'avoir fait penser, au milieu même des démolitions, au besoin de reconstruction, et d'avoir réussi à établir un tel antagonisme, que l'idée d'un équilibre a germé au moment même où l'on s'y attendait le moins. Ce qui fait l'éternel ridicule du commencement de l'histoire du prétendu équilibre européen, ce sont ces pauvres larmes de joie dont les cent quarante-cinq plénipotentiaires, siégeant au congrès de Westphalie, en 1648, ont baptisé « cet équilibre et cette sainte justice qui, disaient-ils, étaient les premières bases des États, et qui ayant été aussi les premiers points sur lesquels, après de nombreuses luttes et beaucoup de sang répandu, ils s'étaient enfin accordés, ils avaient l'entière confiance que la postérité ne laisserait pas périr *leurs précieux travaux.* »

Terrible destinée ! as-tu voulu désigner d'avance, par ce douloureux mécompte des premiers architectes de l'équilibre européen, les rudes épreuves auxquelles devait être vouée, pendant si longtemps, l'*œuvre* de pacification ?

Bentham, dans la foi extravagante, pour ne pas dire plus, qu'il avait en son fameux code, disait souvent : « Je voudrais que chacune des années qui me restent à vivre passât à la fin de chacun des siècles à venir, pour être témoin de l'efficacité de mes ouvrages. » Dieu, dans sa suprême miséricorde, n'a point exaucé ses vœux. Bentham est mort avec toutes ses folles illusions ; tandis que si l'immortalité terrestre lui eût été accordée, il aurait eu non-seulement à rabattre immensément de ses prétentions, mais encore à gémir sur les résultats produits par ses doctrines en Amérique, où elles se sont, malheureusement, le plus répandues. Mais pourquoi,—qu'on nous pardonne ce souhait impie, — pourquoi la Providence n'a-t-elle pas dérogé aux lois préétablies, à l'égard des cosignataires du traité de Westphalie ? Pourquoi ne pas leur avoir accordé une immortalité d'au moins deux siècles? Deux siècles leur auraient suffi pour voir tout ce qui est résulté pour l'Europe de la justice et de l'équilibre de 1648! Deux siècles leur auraient suffi pour se convaincre qu'eux-mêmes ils avaient tracé le premier programme des révolutions qui ont désolé l'Europe ; deux siècles leur auraient suffi pour qu'ils dissent, en hommes d'esprit, avec l'immortel Kant : « Attendre une paix durable de l'équilibre des puissances européennes, c'est une pure chimère, semblable à cette maison de *Swift*, qu'un architecte avait construite d'une façon si parfaitement conforme à toutes les lois de l'équilibre, qu'un moineau étant venu s'y poser, elle s'écroula aussitôt (1). »

Il paraît, cependant, que pour ces gens, lanceurs de ces obus dont nous avons déjà parlé, un fantôme même, qui se serait glissé à travers deux cent huit ans (1648-1856), est placé dans leurs cahiers au nombre des êtres réels, des êtres vivants. Ce n'est, du moins, que par

(1) Voyez page 380 *des Éléments métaphysiques de la doctrine du droit*, suivis d'un *Essai philosophique sur la paix perpétuelle*, et d'autres écrits relatifs au droit naturel, par Emmanuel Kant.

une semblable hypothèse que nous pouvons nous expliquer l'obstination de certains publicistes ou gens du monde à nous dire « qu'un congrès futur aura à s'occuper de rétablir et de maintenir l'ancien équilibre européen. » Rétablir ou maintenir une chose qui n'a jamais existé de fait, c'est pour nous une énigme qui ne tombe nullement sous notre intelligence. Mais peut-être ne savons-nous pas lire dans l'histoire ; peut-être ne comprenons-nous pas la valeur du mot *Équilibre.* Vous qui savez si bien tout cela, dites-le-nous.

Quelle est l'époque où l'équilibre a existé en Europe ?

Fixez-la.

Quels sont les avantages que l'Europe a retirés de l'équilibre établi en 1648 et en 1815 ?

Citez-les.

Qu'est-ce, enfin, que l'équilibre européen ?

Définissez-le.

Si vous réussissez dans les réponses qui sont à faire à ces trois questions, ce sera une grande révélation que vous ferez à l'humanité, mieux que cela, une théodicée. Mais si vous vous refusez à cet examen, vos phrases sur « le rétablissement de votre prétendu ancien équilibre européen seront toujours répudiées par la science et le bon sens, comme « *un abus de l'imagination productive*, » s'il nous est permis de nous servir de la trop docte expression de Hegel.

Croit-on, par hasard, que le mot *Équilibre*, alors même que nous ne l'admettrions plus pour représenter l'état continuel de guerre et de trouble du passé, cesserait d'être le symbole d'un état politique européen depuis si longtemps désiré et tous les jours souhaité pour l'avenir? Est-ce que les discordes perpétuelles des États en Europe ne font pas, aujourd'hui plus que jamais, surgir du fond de notre âme le désir de voir se réaliser un équilibre de vérité, de justice et d'intérêt, seule trinité capable de donner aux sociétés humaines la plus grande durée, la plus grande force auxquelles l'homme est en droit d'aspirer, en tenant compte de la distance qui sépare le créateur de la créature, l'ouvrier de l'œuvre? Qu'on ne commette pas l'erreur, nous avons presque dit le crime, d'en douter. Les peuples et les trônes, — les trônes surtout avec leur ancien prestige, — ont traversé assez de phases des plus affligeantes pour s'être éclairés de la véritable lumière ; car

« Dieu se révèle au cœur quand les yeux ont pleuré, »

dit un poëte roumain.

Les malheurs essuyés en commun ont surabondamment fait connaître leurs raisons déterminantes. Ils nous ont enseigné, en même temps, à connaître la nature de l'équilibre à établir, ses conditions et les bienfaits qui en découleraient. Les symptômes d'un retour à la vérité se montrent de toutes parts : nous les voyons jusque dans ces phrases de quelques organes quasi-officiels : « Les rapports futurs des États européens, le nouveau droit public de l'Europe, » et jusque dans ces espérances vagues, mais légitimes, qui se traduisent par la pensée « que la conclusion de la paix sera suivie d'un congrès appelé à décider toutes les *questions pendantes* en Europe. » (Et il y en a tant, et d'une si grande importance !)

Donc, la paix et l'équilibre sont demandés, sont réclamés.

Et ils seront donnés, parce que la loi naturelle le veut ; et certes, ce ne sera pas une loi positive, contradictoire à elle-même, qui pourrait jamais la faire refouler ; parce que le grand lit fluvial, dans lequel coule l'esprit humain avec ses progrès et sa science, le veut ; parce que les intérêts matériels de l'Europe le veulent ; parce que les têtes couronnées le veulent, doivent le vouloir.

Y a-t-il quelqu'un qui puisse révoquer en doute ce besoin universel de paix et d'équilibre?

Peut-être.

Mais en voici l'explication.

Les planètes tournent-elles autour du soleil, d'occident en orient? La terre a-t-elle deux mouvements, l'un de rotation sur elle-même, l'autre de circonvolution autour du soleil?

Oui.

Pourquoi ne le sentons-nous pas? C'est que le mouvement est tellement grand que nous le subissons sans le sentir. Il en est de même de ce mouvement immense qui a lieu, et de cette volonté générale qui se manifeste en vue de l'établissement d'un nouveau droit public; ils jaillissent de la conscience de tous les peuples et de la nature de toutes les choses avec une si vive spontanéité, qu'il serait excusable, celui qui ne les comprendrait pas.

CHAPITRE II

OBJECTION A LA PAIX CIRCONSCRITE. — DIFFÉRENCE ENTRE LES ANCIENNES GUERRES ET LES GUERRES MODERNES. — SOLIDARITÉ DES PEUPLES.

Mais, dit-on, pourquoi le congrès de Paris dépasserait-il le but restreint de la guerre d'Orient, en entreprenant la difficile tâche d'aborder aujourd'hui des questions que l'avenir soulèvera sans doute, et dont lui seul donnera peut-être une solution satisfaisante?

Profonde objection, en vérité!

Déclarer hautement que l'avenir pourra seul résoudre des questions aujourd'hui pendantes, n'est-ce pas mettre en cause le savoir et la dignité du présent? n'est-ce pas leur intenter le plus terrible des procès, leur faire le plus amer des reproches, nous avons presque dit des affronts ?

Comment, le présent aurait entre ses mains les dossiers de plusieurs questions en litige depuis si longtemps, et il ne saurait rien faire, sinon les apostiller pour l'avenir ?

Notre époque ne serait-elle donc plus qu'une transition d'un passé rempli d'orages et de travaux à un avenir prédestiné à l'activité et à la résolution ?

Quel est cet esprit étroit qui tenterait de nous le faire croire ?

Nous protestons, au nom de l'esprit de notre époque, esprit à la fois généreux et enthousiaste, sérieux et conservateur, et par-dessus tout ennemi implacable de tous les moments représentant non pas la vie et l'activité humaines, mais une abstraction, un fantôme de cette vie et de cette activité.

Et la logique vient clore ce petit débat en disant :

Si votre époque est celle du progrès, laissez-lui toute la liberté de le réaliser et de le développer ;

Si votre époque est celle de l'équité, ne vous opposez pas à ce qu'elle la pratique largement ;

Si votre époque est celle du devoir, aidez-lui à l'accomplir ;

Si votre époque est celle de la conservation, enlevez-lui les combustibles qui ont déjà alimenté tant d'incendies.

L'avenir aura ses obligations à lui; ne lui léguez que votre expérience et vos lumières, et non pas la confusion et les procès en appel, les pires des procès.

Passons maintenant à cette autre objection :

On répète tous les jours « que la guerre d'Orient a été circonscrite dans la Crimée, et déterminée dès le commencement dans son objet et dans son but. Par conséquent, aucune autre question concernant le continent de l'Europe ne peut y être impliquée. »

Avancer une pareille donnée veut dire avoir l'étrange caprice de se résoudre à douter des événements les plus positifs que nous connaissions déjà.

Nous serons bref dans notre réponse. Elle ne sera point une dissertation; nous nous rappelons assez que le spirituel abbé Galiani disait qu'il n'était donné qu'à ceux qui avaient le bras long de faire des digressions.

L'objet le plus important pour la philosophie de l'histoire, c'est la ligne de démarcation qui s'interpose entre le monde ancien avec ses mythes obscurs, ses traditions problématiques, ses peuplades sans annales et sans souvenirs, ses nations barbares ou conquérantes, ses États tour à tour florissants et déchus, libres et esclaves, civilisés et corrompus; et le monde renouvelé dans les principes du Christ et rajeuni par l'invasion de ces peuples barbares, mais imbus de ce sentiment inconnu au monde ancien, ignoré de l'Église chrétienne, ce sentiment qui donne la belle fierté de se reconnaître homme : le sentiment de l'indépendance individuelle.

C'est à ces grands principes que s'attache le premier anneau de la chaîne indéfinie de l'avenir du genre humain. Aussi ne se brisera-t-elle jamais.

Malheureusement, quoique l'humanité soit rachetée, elle sera néanmoins retenue encore quelque temps dans sa servitude antérieure.

L'Europe, au moment même où elle prend l'essor vers un nouvel ordre de progrès, est saisie par la politique de l'Église qui avait déjà conçu le présomptueux dessein de faire valoir dans le monde le principe théocratique. Le moyen âge commence. L'Europe va être réduite à toutes les humiliations, à toutes les misères. L'homme s'oubliera. L'obscurité deviendra on ne peut plus épaisse. A peine quelques étincelles viendront un moment surnager sur l'immense chaos, que les ténèbres reparaîtront plus denses que jamais.

Et l'on croyait l'homme enterré. Grande joie dans les sacristies!

Illusion.

Rien n'avait pu ou su détruire la pierre divine sur laquelle était écrit ce que c'était que l'homme et sa destinée. Un jour la foule s'arrêta devant elle. Un individu lut l'inscription. Et le moyen âge finit. Puis les idées germèrent de toutes parts et marchèrent d'étape en étape jusqu'à ce que la Renaissance s'accomplît : elle devait achever ce que le Crucifié avait commencé.

La guerre fut une des premières choses qui se ressentit miraculeusement du nouvel esprit de vie qui venait de se répandre sur l'Europe. C'est sur le champ de bataille que Charles-Quint apprit que, s'il avait su défier et humilier tant de rois et abattre les chevaliers de tant de pays, qui lui avaient jeté leurs gantelets au nom de leurs maîtres, il ne réussirait jamais à vaincre un ennemi indomptable et indestructible : *les principes, l'âme et la parole du seizième siècle!* « *Quelle folie!* » s'écria Charles-Quint en apprenant que sur le manifeste d'Henri II, roi de France, était gravé un bonnet entre deux poignards, avec le mot LIBERTAS! Mais l'orage qui commence à gronder de tous les points de l'Europe sur sa tête, sa force défaillante au moment même où elle paraissait le plus solidement assise sur une universelle oppression, la conquête des Trois-Evêchés par les troupes françaises, sa défaite à Renti, et enfin l'insuccès devant Metz (1555), ne lui découvrirent que trop ce que signifiait et ce que pouvait, dans ce moment, le mot *Libertas*, placé en tête d'un manifeste royal. « J'ai poussé les choses trop loin (1). Je n'ai commis qu'une seule faute : celle de n'avoir pas compté un peu avec l'esprit du temps (2), » dit alors, avec l'accent du repentir et de la douleur, le grand empereur au duc Christophe de Vittemberg.

Précieuses paroles! c'était sur elles qu'on aurait dû bâtir toute la théologie diplomatique.

Et ne vous étonnez pas de ces prodiges. L'avenir s'en réservait de plus grands; nous ne sommes qu'à l'alpha de la nouvelle époque des fautes et des mécomptes...

Dès que l'homme s'est retrouvé, dès qu'il s'est dégagé des liens qui le retenaient, dès qu'il n'est plus cet être abstrait et engourdi de l'aveugle logique de la sacristie et de la scolastique, l'Europe se tâta, s'interrogea; et, par une convention tacite, tous les peuples

(1) Voyez Pfister, tome VII, page 350.
(2) Voyez Rotteck, tome III, page 272.

plus ou moins civilisés se rendirent en quelque sorte solidaires les uns des autres. Les dieux de l'isolement s'en allèrent, et, à la gloire de la France, Henri IV *voulut chasser celui de la guerre aussi*. Ce seul roi, jusqu'à ce jour, mérite le nom de grand. Bien que Henri n'ait pas eu le temps d'exécuter son immense projet de pacification, au moins les guerres, par suite de la solidarité établie entre tous les hommes, prirent-elles désormais tout le prestige des grands instruments dont la nature allait se servir pour ramener le monde à la vérité et à la justice. Mais par cela seul, peut-être le repos de l'Europe devient-il encore plus problématique. Notre donnée dût-elle paraître des plus paradoxales, nous en maintenons la vérité. Le monde ancien et le moyen âge sont remplis, il est vrai, de guerres très-meurtrières et on ne peut plus désolantes; mais ces guerres ne s'étendaient jamais au delà des limites que les princes leur assignaient. Les conflagrations générales n'étaient guère possibles; les grandes révolutions, qui prennent naissance aujourd'hui d'une étincelle partie d'un coin de l'Europe, étaient complétement ignorées de ces temps. C'est que l'homme individuel, la nation, leurs droits, tout s'effaçait devant le prince. Celui-ci faisait-il la guerre au prince son voisin, les peuples marchaient, combattaient, mouraient. Voilà à quoi se bornait leur rôle, et personne ne leur accordait un soupir. De cette manière, les guerres de l'ancien monde et du moyen âge, abstraction faite des croisades entreprises au nom d'un grand principe religieux, n'étaient pour ainsi dire que de simples affaires privées des princes. Il s'ensuivait donc tout naturellement que ces derniers eussent toutes les facultés possibles de circonscrire une guerre, de la déterminer dans son objet et de ne point dépasser le but qu'ils s'étaient proposé, si bon leur semblait.

Mais ces temps s'évanouirent, comme nous l'avons déjà vu. Le nouveau jour convertit les peuples esclaves en peuples auxiliaires de leurs souverains, et plus tard, en peuples contrôleurs de leurs princes. Et la guerre, désormais, ne se fera que pour toutes les nations. Une guerre se déclare-t-elle dans un coin de l'Europe? Tous les peuples se trouvent représentés sur le champ de bataille par leurs principes, leurs espérances, leurs attentes. On dirait que les combattants ne sont que des élus de l'Europe, envoyés dans un champ clos pour vider par le duel la querelle qui entrave l'expansion des grands principes qui l'animent. Dès ce moment, des liens étroits s'établissent entre la civilisation et les victoires, et M. Cousin a pu dire avec une profondeur toute philosophique, *que toute victoire entraînait un progrès pour l'humanité, car ce n'étaient plus les populations qui paraissaient sur les lieux du combat, c'étaient les idées, c'étaient les causes.*

La responsabilité et les devoirs des grands capitaines sont devenus dès lors très-considérables. Derrière quel rempart, en effet, leur serait-il possible d'éviter une défaite humiliante, si au lieu de planter le progrès sur le passage de leurs armées, ils ne semaient que l'oppression? Demandez-le à Louis XIV et à Napoléon Ier. Chacun d'eux, quoique dans de différentes mesures, nous dira que l'épée se brise entre les mains du capitaine aussitôt qu'elle ne respecte plus les principes et la civilisation; et pour vous en convaincre, ils vous montreront leurs entreprises avortées, leurs desseins anéantis. Car, ajouteront-ils peut-être, il n'y a plus des peuples à punir comme du temps de Genseric le Vandale, mais des peuples que Dieu veut sauver, et pour la délivrance desquels la Providence paraît se réserver des moments terribles et solennels où elle déchaîne les nations pour exécuter ses suprêmes arrêts.

Parler de l'empereur Napoléon Ier, c'est rappeler

la grande révolution française, événement qui a fini par donner les plus colossales proportions à la solidarité entière de l'humanité. L'Europe dorénavant ne nous apparaîtra plus que comme une seule famille, dont les membres, bien que placés dans des conditions sociales et politiques différentes, se tiennent dans les principes, dans les aspirations et dans les mouvements. Prenez le fil des événements depuis les jours de ces immortels cahiers de la nation française en 1789; suivez-le à travers les diverses phases de la Révolution et de l'Empire ; à travers toutes les angoisses et les victoires de la Sainte-Alliance, et de ses promesses de liberté et d'indépendance faites aux peuples ; à travers les différentes péripéties de deux Restaurations; à travers la guerre d'Espagne de 1823; à travers la révolution française de juillet 1830 et toutes les autres révolutions qui lui succédèrent de près sur plusieurs points du continent; suivez enfin le même fil à travers la seconde révolution française de 1848 et à travers toutes les autres révolutions qui fondirent bientôt après sur presque tous les États de l'Europe, et ne le lâchez pas tant que vous aurez à parcourir les divers incidents de l'expédition de la république française contre la république de Rome, et les mille contre-coups que cet acte de la république française produisit partout où il y avait des yeux tournés vers la France. Quand vous aurez repassé avec la pensée tous les événements, quand vous les aurez pesés, quand vous aurez remonté à leurs causes et descendu à tous leurs résultats et à tous leurs enchevêtrements, vous serez en droit de vous demander quelle est cette chaîne qui lie les peuples de l'Europe si étroitement, dans des moments si différents et sous des formes si diverses, et par quelle succession de phénomènes elle est parvenue à pouvoir coordonner les souvenirs, les traditions, les habitudes presque, les impressions même d'un peuple avec ceux de tous les autres, et *vice versa;* en vertu de quelle loi tous ces peuples se meuvent, se tranquillisent, murmurent, pleurent, demandent, prennent, rendent, se courbent, espèrent et se relèvent plus fiers et plus dignes que jamais. Vous ne serez pas longtemps à vous persuader que rien n'a égalé pour les peuples de l'Europe le jour où, las de recueillir chacun à part une image qu'un moment après on venait lui briser entre les mains ou lui arracher, ils se sont aperçus qu'intimement unis, ce qu'ils acquerraient conjointement ne leur échapperait plus comme un rêve, mais qu'ils le garderaient comme la plus sainte et la plus durable des réalités.

C'est l'histoire de l'Europe depuis tant d'années; c'est sa gloire, c'est là aussi la grandeur morale de l'humanité.

En présence de ces vérités historiques, que penser de ces hommes éminemment éclairés qui prétendent trouver la guerre d'Orient circonscrite et déterminée dans son objet et dans son but, sans que, par conséquent, aucune autre question concernant le continent de l'Europe puisse y être impliquée?

Circonscrite dans la Crimée et en Asie, à la bonne heure! et tant mieux. Nous aurions désiré qu'il ne lui fût accordé qu'un champ encore plus étroit : moins de pays frémissant au bruit du piétinement des escadrons, moins d'anachronismes au dix-neuvième siècle. Mais prétendre « qu'aucune autre question concernant le continent de l'Europe ne doit être impliquée dans le but de cette guerre, » cela est tout ce qu'il y a de plus humainement contraire à la nature et à l'ordre actuel des choses.

Qui pourra régler selon sa volonté ou selon les battements de son cœur ce que plusieurs générations de l'Europe ont établi à pas lents et solennels? L'Europe brisera-t-elle aujourd'hui son ancienne foi, en l'honneur de laquelle elle a répandu tant de sang et versé tant de larmes? L'humanité reculera-t-elle un seul moment pour justifier notre prétention? Il faudrait que ces miracles intervinssent pour que les peuples de l'Europe fussent contraints de considérer la guerre d'Orient comme tombant en dehors *de cette mission*, dont nous avons déjà parlé, *que la civilisation a faite aux champs de bataille.*

Mais les temps des miracles sont passés sans retour. L'Europe a compris et son rôle et celui des guerres modernes. L'Orient a donné depuis deux ans une place respectable aux questions pendantes en Europe à côté de la sienne. L'Italie a envoyé sa cause en Crimée : les braves et chevaleresques armées sardes l'ont dignement représentée; la Pologne a déposé aussi ses espérances sur le champ des combats : la légion polonaise, ayant dans ses rangs le jeune prince Czartorisky, leur a donné une nouvelle légitimité; les Roumains, enfin, ont prouvé tout leur désir d'ajouter leur sang à celui qui coulait en Crimée; et si on leur a refusé cette satisfaction, au moins leur a-t-on permis, plus qu'à personne, de souffrir, de plaider et de croire à l'avenir.

Ainsi, la croyance dans la solidarité de toute la famille humaine n'aura suscité tant de troubles que pour laisser à l'Europe une atmosphère pure de tout nuage ; ainsi cette solidarité apportera, espérons-le, ce dont le monde civilisé a besoin : *la grande paix.* C'est une volonté générale, une raison universelle : elles font *loi.*

Il ne nous reste maintenant qu'à examiner ce que signifient *nationalité* et *diplomatie*, ces deux choses qu'on paraît prendre plaisir tantôt à mal comprendre, tantôt à considérer comme des péchés originels. Peut-être, après les avoir discutées, saurons-nous mieux formuler nos demandes. Ce serait là un immense avantage ; car bien demander, disait Socrate à Eutyphron, n'est-ce pas demander aux dieux ce que nous avons besoin de recevoir d'eux ?

CHAPITRE III

DÉFINITION DE LA NATIONALITÉ; — SON ORIGINE. — ÉTAT DE NATURE; — PREMIÈRES SOCIÉTÉS; — LA FAMILLE. — PASSIONS HUMAINES : FAUSSES CONSÉQUENCES DU PRINCIPE DE NATIONALITÉ. — UNITÉ CONFUSE; — NÉCESSITÉ DE LA DIVISION; — SES RÉSULTATS.

L'existence des peuples viables, mais opprimés et incorporés à d'autres États, ne se passe guère, depuis bien longtemps, que dans une continuelle lutte ou préparation à la lutte, et dans une perpétuelle attente des jours d'indépendance et de liberté.

Tableau mélancoliquement imposant et instructif. Il arrête les regards du penseur et de l'historien : ils y trouvent un grand et touchant chapitre de l'histoire politique : miroir où se reflète fidèlement, sous toutes ses formes, le progrès de la conscience et de la liberté.

Est-ce tout ?

Inoffensive l'intelligence qui le croirait.

En consacrant quelques réflexions aux nationalités ou en développant les faits du martyrologe de quelques peuples de l'Europe, le philosophe, le publiciste ou l'historien, font plus qu'ajouter un nouveau rayon à la science, plus que rendre un nouvel hommage à la morale et à la justice ; à la fois, ils ramènent l'espérance jusque dans les cœurs les plus froissés, et ils rallument le feu jusque dans l'âme des hommes les plus faits à la docilité et à la sujétion ; car leurs écrits et leurs paroles ont aiguisé quelque chose de plus que l'aiguillon de la science et de la morale : ils ont aiguisé ce quelque chose auquel ne peut résister aucune digue du monde matériel : l'*aiguillon de la liberté.*

Le réveil des peuples a été immense. Il fallait cependant qu'il fût éclairé et saisi de la véritable lumière pour qu'il rendît de nouvelles forces à ces peuples, et pour qu'il leur apprît la direction à prendre dans leur mouvement, la demande à formuler, le but à atteindre. Sans cela, le réveil se serait trouvé obscurci par les excès malheureusement inhérents à toute surexcitation extraordinaire survenue dans l'organisation morale de l'homme, et il n'aurait fait qu'engager les peuples en des voies incertaines et périlleuses, dans lesquelles la lueur même qui se montrerait ne saurait être que vacillante et illusoire.

Mais quelle fut donc la boussole mise entre les mains des hommes qui réclamaient des droits et se soulevaient au nom du principe de la nationalité?

On ne la connaît point; il n'en a jamais existé une; car la nationalité, comme le disait fort judicieusement M. A. Peyrat, n'a eu encore ni sa formule philosophique, ni sa consécration politique ; elle est restée à l'état de problème.

Restée à l'état de problème, la nationalité, être vivant puisé à la vie, possédé par la vie, développé ou converti en harmonie dans la vie ?

C'est pourtant vrai.

Il serait difficile de trouver, dans toute l'étendue du cercle des grandes questions abordées et défrichées par la pensée humaine, un endroit plus assombri que celui où se tient la question de la nationalité. Aussi est-ce là le fond de bien des guerres, d'agitations confuses, de vagues aspirations, de cataclysmes, en un mot.

Le cadre de la faute a été grand. Les événements qui l'ont rempli ont été plus grands encore.

Quand il s'est agi de nationalité, on s'en est rapporté tantôt aux dissertations des littérateurs, tantôt aux métaphores des poëtes, tantôt aux incriminations des hommes qui, pour avoir fait de la raison d'État, croyaient avoir acquis le droit de ne pas faire de la raison d'humanité.

Il en est résulté une confusion lamentable. L'erreur n'avait plus de rivale.

Une grande décadence, cependant, marque un grand progrès, a-t-on dit. Quelle grande vérité ! Les artisans de la pensée ont fouillé la philosophie et l'histoire ; ils ont interrogé la nature et l'homme, et ils ont appris ce que signifiaient ces mots : Nationalité, humanité.

C'est à ces généreuses recherches que nous allons donner, nous aussi, l'humble obole de quelques réflexions.

Fidèle observateur du fameux précepte : « *Élever les questions pour les simplifier, et les simplifier pour les résoudre* (1), » nous allons poser sous son expression la plus simple, sous ceux de ses termes qui nous parais-

(1) M. Émile de Girardin, voyez *Solutions de la question d'Orient*, page 90.

sent les plus justes et les plus significatifs, l'équation de la nationalité, ou si vous aimez mieux, la définir et indiquer son rôle sur le théâtre de la vie universelle.

Qu'est-ce donc que la nationalité ?

Elle est une conséquence de l'insuffisance originaire de la raison dans l'homme ;

Elle est le résultat immédiat de la non-possession de soi-même ;

Elle est un besoin réel de la faiblesse de l'homme ;

Elle est un instrument de civilisation dans la main de l'homme ;

Elle est une transition de l'unité confuse à l'unité éclairée, qui est l'harmonie dans l'univers.

Là est la raison d'être de la nationalité ; la philosophie et l'histoire en font foi.

Donnons-en donc quelques explications indispensables ; elles viendront à l'appui de notre définition.

Tout être créé l'a été pour une fin. La destination de chaque être dépend de son organisation. La fin la plus élevée appartient naturellement à l'être le plus richement organisé ; mais tous n'en concourent pas moins ensemble à la fin universelle, à l'ordre absolu de la création. Parmi tous les êtres de ce monde, les uns tendent à leur fin, non-seulement sans la connaître, mais encore sans en avoir conscience, non plus que de l'action par laquelle ils y tendent; bien plus, ils n'en ont pas même le sentiment ni la sensation : tels sont les êtres inanimés. D'autres, placés dans un ordre déjà plus élevé dans l'échelle des êtres, n'ont pas davantage connaissance de leur fin, ni conscience des moyens par lesquels ils y tendent; ce sont, comme les précédents, des instruments passifs, aveugles et muets, d'une puissance qui les fait marcher à leur insu et les fait concourir sans qu'ils s'en doutent à la destination du monde, mais qui se distinguent de ces êtres inanimés par le sentiment de la douleur ou de la jouissance physique qui résulte de leur marche facile ou contrainte, quoique toujours passive et involontaire, vers la destination où ils sont dirigés : tels sont les êtres animés ou les animaux inférieurs à l'HOMME. CELUI-CI *seul* possède le haut privilége de concevoir qu'il a été placé sur cette terre pour une fin, et de distinguer en outre le caractère et la nature de cette *destination;* celui-ci seul possède la sublime faculté de pouvoir se diriger de diverses manières vers cette fin, ou de pouvoir s'en écarter de même. Par la raison, l'homme conçoit sa fin ; par la liberté, il s'y dirige ou il s'en détourne. Cette supériorité ne surprend pas l'univers; pour l'homme a été formé le monde, dit la Bible; l'homme, dit la haute pensée humaine, par la bouche de Herder, l'homme est la créature centrale entre les animaux, c'est-à-dire la forme la plus parfaite, qui réunit les traits de tous dans l'abrégé le plus complet. La place de ce souverain une fois reconnue, il est évident qu'aucune barrière ne pouvait être mise à l'exercice de son immense domination, qu'aucune restriction ne pouvait être apportée au développement de ses facultés spirituelles et physiques. D'un autre côté, le monde n'étant pas une pièce de mosaïque, ni davantage « un assemblage incohérent de pièces discordantes, mais bien une unité, un tout organisé dont chaque partie tient à toutes les autres dépendantes d'un seul principe et concourant à une commune fin, » les hommes devaient mesurer le monde d'un regard, posséder la terre sans aucune entrave, ne pas se permettre de déranger aucun des ressorts établis si admirablement par le suprême architecte; peupler la surface du globe terrestre sans se diviser, suivre le même chemin sans en dévier jamais, marcher tous du même pas sans prendre chacun une direction différente : *la destinée humaine, de même que la loi morale, étant* UNE.

C'est en suivant cette loi absolue de développement que le genre humain serait resté dans l'unité, cette âme de la nature « qui se meut toujours et ne meurt jamais, » et il aurait formé cette grande société, cette association universelle, pacifique, éclairée, juste, innocente, digne en tout de l'image à laquelle l'homme fut créé.

Mais entre la grandeur de ce rôle dévolu à l'homme et la faiblesse originaire, il y avait incontestablement une insoluble contradiction.

L'homme, cette noble créature centrale, arrive en effet sur la terre comme un maître souverain; mais il n'en est pas moins un maître souffreteux, débile, affamé, grelottant. A peine sorti des mains de la nature, il se voit entouré de mille obstacles : tantôt les animaux lui disputent le pouvoir suprême, tantôt les insectes le gênent. Ici, les éléments célestes, la pluie ou le vent, la foudre ou l'éclair, l'affligent ou l'effrayent; là, les ronces, les mers des bruyères, les arbres lui opposent diverses difficultés, quand il y vient chercher sa nourriture; partout il se trouve en lutte; nulle part il ne rencontre la paix. Et comment s'en étonner, quand on pense qu'à cet âge primitif, au moment où chaque être animé cherchait à étendre sa domination à proportion de ses capacités, l'intelligence de l'homme, trop étroite, trop obscure, ne pouvait lui prêter qu'un faible secours au milieu des peines qui l'accablaient : elle ne savait lui offrir qu'une faible satisfaction relativement aux mille besoins de son existence, aux innombrables appétits et aux diverses volitions de sa nature. Il en résulta une anarchie pour la famille humaine. Ignorants, les hommes se laissèrent pousser fatalement par une aveugle disposition brutale ; ils subirent l'influence du désordre et de la force entraînante de la passion : pour se nourrir, il fallut quelquefois tuer ; pour se vêtir, il fallut parfois se livrer à la rapine ; pour s'abriter, il fallut quelquefois s'emparer de la cabane de son semblable. Voilà, selon nous, pour l'humanité le seul état de suprême péril, où ce prétendu droit de nécessité, avec sa maxime : Nécessité n'a pas de loi, pourrait trouver son application et son excuse, bien que nous reconnaissions avec Kant, dans ce droit de nécessité, une contradiction du droit avec lui-même, et qu'il ne puisse y avoir de nécessité qui rende légitime ce qui est injuste (1).

(1) Voyez *Éléments métaphysiques de la doctrine du droit,* par E. Kant, introduction, pages 51 et 52.

Que fallait-il pour retirer le genre humain de cette pente de décadence et de perdition ? Rien moins, si ce n'est que la raison vînt élever autour de la volonté des hommes ce rempart sacré qui s'appelle le droit ; qu'elle rédigeât le code des lois morales et qu'elle montât la garde auprès du rempart, sans se laisser jamais gagner ou endormir, car elle seule, comme on l'a fort bien dit, est capable de mourir à son poste, pendant que les sens, le caprice, la passion, l'enthousiasme même, passent à l'ennemi avec armes et bagages. Mais l'homme ne reçut pas en naissant ce secours salutaire. La nature a besoin de prendre un long cours pour développer la raison dans l'homme. Dans les premiers âges, le genre humain n'est ni imbu des saines idées du juste et de l'injuste, ni à même de comprendre les devoirs et les droits de la grande association : la paix devient impossible entre tous les membres de la famille humaine. La guerre commence. C'est à ces faits que remonte l'établissement du règne de la force matérielle, qui a engendré l'exploitation de l'homme par l'homme ; c'est dès cette époque aussi que nous devons apercevoir la décision prise par les différentes familles et petites sociétés humaines de s'éloigner les unes des autres et de se disperser géographiquement, pour habiter des climats qui devaient introduire un changement très-prononcé jusque dans la constitution organique de l'homme.

Et en disant : différentes familles et petites sociétés, nous ne voudrions pas qu'on se méprît sur leur origine, leur valeur et leur place réservée dans la vie humaine. Malgré le tableau pénible que nous avons tracé des premiers moments de l'existence de l'homme, telle que son ignorance l'avait faite, une étude psychologique approfondie épargne la douleur qu'on a tant de fois éprouvée, en ajoutant foi à ce prétendu état de nature de l'humanité, qui n'est autre chose qu'une chimère et une invention peu digne du philosophe anglais David Hume. Rien n'est plus en contradiction flagrante avec la nature de l'homme, avec sa raison, sa liberté, ses sens, ses instincts, son hygiène, que l'état de ces peuplades sauvages, même les plus douces et les moins grossières. Aussi, dit Schlegel (1), « il n'est pas prouvé que cet état sauvage soit effectivement la vraie condition primitive et le début réel de l'espèce humaine. Au lieu d'être un état normal, ne peut-il pas être un état de dégénération et d'abru-

(1) Voyez *Philosophie de l'histoire*, par Frédéric de Schlegel, leçon II, page 41, tome II.

tissement; ne doit-il pas être regardé comme un phénomène postérieur, comme la suite d'un second pas fait par l'humanité et conséquemment comme un événement d'une date historiquement plus récente ?» Oui, nous le croyons fermement, en repoussant avec indignation cet idéal imaginaire et monstrueux d'état de nature tant regretté et tant recommandé à l'humanité par le philosophe de Genève. C'était une affligeante aberration du génie de J. J. Rousseau; c'était là la plus rude épreuve qu'essuyait la pensée humaine, si riche et si vivifiante.

Dès que deux hommes ont existé sur la terre et se sont rencontrés, ils se sont sentis poussés l'un vers l'autre; ils sont entrés en communication l'un avec l'autre, ils ont fait éclater entre eux le sentiment de sympathie, d'attachement, d'amitié, de tendresse. Ce sont les matériaux dont se compose la famille. Elle n'est pas faite de main d'homme. Un être supérieur a fait entrer dans cette institution les plus beaux instincts, les plus sublimes affections du cœur humain.

Faisons défiler devant nos yeux tous les siècles, nous remarquerons qu'au sein de mille naufrages d'institutions, de lois, de gouvernements, de peuples, la famille survit à tout. Portons plus avant nos regards, enfonçons-les jusque dans la vie des peuples sauvages, nous y découvrons que le sentiment de la famille n'y est pas complétement effacé. Les pères, dit Herder, qui sont poussés par la faim à sacrifier leurs enfants, les dévouent à la mort dans le sein de leurs mères, avant qu'ils aient entendu le son de leur voix.

La famille a engendré la société; la même loi qui a présidé à la création de la première a présidé aussi à la formation de la seconde. L'homme n'a pas eu besoin de la raison pour se mettre en société. C'est sous l'empire d'un instinct, pour me servir de l'expression d'un philosophe, antérieur à la réflexion, plus fort et plus droit qu'elle, que la société se forme; une fois formée, c'est encore par des instincts appropriés qu'elle se modifie, s'organise, se maintient, se défend.

Maintenant, une importante question se présente : celle de savoir si c'est en vertu d'un droit quelconque que ces familles ou petites sociétés se sont éparpillées sur la plupart des diverses parties de la surface de la terre et se sont constituées en nationalité, de manière que cette dernière est devenue pour de longs siècles un rempart entre elles et l'humanité.

En vertu, nous répondra-t-on sans doute, du droit

de cette liberté purement psychologique, qu'on appelle le libre arbitre; c'est en vertu de cette liberté de se déterminer dans un sens ou dans un autre, de prendre telle résolution ou la résolution contraire, de vouloir ou de ne vouloir pas.

Cette réponse a une grande valeur en tant qu'il s'agit de démontrer la liberté de l'homme, ce droit inné, originaire, qu'il possède par cela seul qu'il est homme; cependant elle n'est pas suffisante, elle est déplacée.

En effet, bien que la liberté ou la volonté de l'homme soit imprescriptible et inaliénable, pour que l'acte de l'homme soit libre et non pas instinctif ou fatal, il doit être précédé de la réflexion et de la délibération. Délibérer, c'est comparer entre eux différents motifs d'action. La délibération, pour être possible, doit être toujours précédée d'un certain état de l'esprit qu'on appelle la possession de soi-même. Si je suis entraîné par un désir, par une passion ou par une force étrangère à moi, je suis possédé par cette force, par ce désir, par cette passion; réduit à cet état, je ne puis pas délibérer, je n'ai pas le choix de mon action, je suis entraîné par une force supérieure à moi, je ne me détermine pas à agir de telle ou telle façon, j'y suis irrésistiblement déterminé. Dans ce cas, je produis une action fatale et non pas un acte libre. Il en a été de même des hommes morcelant l'humanité en nationalités, en peuples.

En reportant nos regards sur le premier degré de l'existence humaine, nous avons trouvé l'homme sous l'empire d'une aveugle passion pour se procurer une somme quelconque de satisfaction et de bien-être, partant privé de la possession de soi-même, première condition de la volonté, insoucieux de toute délibération, manquant de tout calcul ou égoïsme, ne demandant à son intelligence que les moyens d'arriver à l'acquisition de l'objet que sa sensibilité recherchait instinctivement.

Pour l'humanité donc, la division et le fractionnement furent plus que le signal de l'abrogation des lois; ils furent celui d'une terrible soumission de l'homme à la matière; humiliation désolante au point de vue de sa dignité et de sa nature spirituelle.

Que de fois, hélas! le penseur sérieux, plongé dans ses méditations philosophiques, appliqué à approfondir et à proclamer la noblesse et les hautes prérogatives de l'homme, n'a-t-il pas été arrêté tristement par la question des races humaines! Que de fois, chassé inopinément de la sphère où sa raison se complaisait à rechercher à longue haleine tout ce qui se rapportait à la mission de l'homme, n'a-t-il dû abaisser qu'avec terreur ses regards sur ces grappes éparses qu'on appelle nations, au milieu desquelles s'agitent, à travers les temps, les jalousies, les inimitiés, les haines, aux pieds desquelles restent amoncelés les débris, les ruines ensanglantées, à la place desquelles, enfin, règnent souvent le désert, le silence et la mort!

Quand et où n'a-t-on pas lâchement exploité ces dissidences qu'a amenées la division opérée au sein de la famille humaine, car n'allons pas croire que les nationalités seules aient engendré ces luttes, ces guerres, ces cruautés qui se disputent le monde. La dissidence des nationalités a servi de moyen à l'esprit de parti, aux méchants, aux despotes, de propager l'erreur, de semer, de développer, d'alimenter chacun parmi les siens l'indifférence, même l'antipathie de son peuple pour tout autre peuple; de produire, d'accréditer, d'entretenir toutes ces absurdes croyances, ces préjugés qui, par leurs discordances et leurs oppositions, devaient se convertir en haines implacables, en guerres exterminatrices, en luttes sauvages, en asservissements hideux. La plupart des peuples de l'antiquité viennent avec des annales remplies d'un orgueil insensé, pour avoir su conserver leur race pure, pour avoir eu des législateurs qui défendaient strictement le mariage et tout genre d'alliance avec les autres peuples, pour avoir recueilli l'héritage paternel de haine.

Mais de ce que, placés dans des régions un peu élevées où il fallait absolument s'arrêter un moment pour obtenir la lumière, nous n'avons point trouvé à la nationalité une origine satisfaisante pour la dignité humaine, faudra-t-il la condamner, la désavouer, ne parler d'elle que pour rehausser tout ce qu'il y a de funeste dans les inimitiés internationales ? Non. La philosophie de l'histoire des peuples n'est nullement pour nous une fontaine où l'on ne puise que des larmes et du sang humain. Au lieu d'imiter Héraclite, qui pleurait toujours, nous prenons en pitié ses sanglots ridicules ; nous méprisons aussi ces plaintes renouvelées tous les jours par de tristes comédiens, qui ne voient dans le principe de la nationalité que crimes, meurtres, décadence.

Nous avons, heureusement, une meilleure idée de l'homme, et nous lui trouvons une existence moins déshonorante, mieux encore, plus rapprochée de la Providence qui lui a donné l'être.

Que la division de la grande famille humaine ait été pour l'homme une douloureuse nécessité, un triste témoignage de sa faiblesse, un instrument de civilisaion qui coûte un peu cher, nous en convenons, nous le reconnaissons ; mais qu'on cède aussi à l'évidence, et qu'on constate avec nous ce besoin, cette nécessité, cet instrument ; car la psychologie et l'histoire de la civilisation sont prêtes à parler en leur faveur.

Parcourant de ses regards et de sa pensée tout ce tableau, le monde ; ne connaissant aucun sentier qui aurait pu le conduire à un point quelconque lumineux, l'homme, aux premiers âges du monde, embrassa dans l'unité confuse d'un vaste et vague problème tout l'univers. Cette unité devint pour lui un brouillard épais qui, impuissant à lui cacher complétement l'existence de ce tout grandiose, fut cependant assez fort pour ne pas lui permettre d'en connaître aucun détail, ni les attributs d'aucune partie. L'homme avait conscience de son *moi;* mais il ne se rendait compte ni de ce qu'il exigeait ni de ce qu'on pouvait lui donner ; il se sentait, comme nous avons dit, doué de toutes les affections de la famille et de la société, et pourtant, il se trouvait trop faible pour participer aux affections de toutes les autres familles, pour jouir ou souffrir avec elles toutes en général. Or, ce rôle passif lui répugnait; cet état d'ignorance l'épouvantait : voir sans examiner, marcher sans chercher à en savoir le pourquoi, admirer sans connaître la nature de l'objet qui inspire ce sentiment, certes, ce n'était pas là ce que la Providence a donné pour mission à la noble créature centrale et souveraine.

A quels titres l'inconnu, le mystère, se présentaient-ils à l'être libre et doué de raison? Voilà cependant l'état de la première science de l'homme, ou *plutôt son état d'ignorance.*

Une expérience heureuse et attristante en même temps a mis en évidence la faiblesse de l'esprit de l'homme, qui ne lui permet pas d'embrasser de son intelligence cette unité, cet ensemble qui se présentent partout et dans tout devant lui. Il lui faut décomposer tout ce qu'il aspire à connaître ; il lui faut diviser tout ce qu'il aime à approfondir, mettre des limites à tout ce qu'il aime à dominer.

L'homme, pendant toute la durée des temps primitifs, et pendant un indéterminable nombre de siècles, a dû se plier à cette inexorable nécessité. Ainsi, les familles ou petites sociétés disséminées se partagèrent la terre, comme si elle avait été distribuée en compartiments, et cette division du genre humain fut un flambeau dont les reflets jetèrent la lumière sur l'intelligence, les devoirs et les affections de l'homme. C'est dans cette division qu'il trouva d'abord un point d'appui; puis, dans son activité, une force et une consolation. C'est cette division qui fut la pierre angulaire, la base fondamentale, si nous osons nous exprimer ainsi, de la civilisation dans laquelle nous ne voyons autre chose que le tableau du progrès successif et graduel que fait l'humanité dans la voie du perfectionnement indéterminé. Le genre humain une fois décomposé en peuples, ces peuples se sont proposé chacun divers buts; chacun s'est donné une règle de conduite particulière, chacun s'est fait une loi qui régit ses actions, chacun s'est voué à telle ou telle occupation, selon ses penchants naturels, la nature du sol et le climat qu'il habitait; chaque peuple, en un mot, s'est emparé de cette aurore lumineuse qui s'était révélée à son intelligence et à son âme, au sein desquelles régnait jadis la confusion, pour marquer un jalon sur la route de développement que chacun suit, et pour calculer les divers degrés de culture que chacun parcourt, de son côté, dans sa sphère particulière.

Le peuple juif se présente comme dépositaire des

vérités salutaires qui commençaient à s'obscurcir et à s'éteindre chez toutes les nations; aussi, les phases douloureuses qu'il a traversées, pendant un long et émouvant martyrologe, nous font éprouver une respectueuse compassion pour ce peuple : il a su sauver du naufrage de ses libertés, de son indépendance, de sa prospérité, le dépôt sacré, pour le transmettre à l'heure voulue aux autres familles humaines; et quand la fatigue du genre humain fractionné devint le prélude de l'agonie morale, le Christ naquit pour le sauver. Mais rien n'était exceptionnel pour aucun peuple ; car une idée d'exception ne pouvait entrer dans la volonté divine, toujours également affectionnée pour le genre humain tout entier, dont il serait absurde de prétendre qu'aucune fraction, la plus faible et même la plus infime, soit un hors-d'œuvre de la création.

Si le peuple juif eut, à lui à part, une mission, les autres peuples aussi eurent chacun la leur à remplir. Chacun dut parcourir une carrière, produire et exporter, pour étendre à ses voisins et au delà les connaissances qu'il avait acquises, les découvertes qu'il avait faites, le bien-être, en un mot, qu'il avait conquis.

Remarquons-le bien; c'est la grande et suprême loi du progrès de l'humanité. La terre est un immense atelier où le travail est divisé et distribué aux nations comme à des ouvriers, selon l'aptitude et la maturité de chacune d'elles. A l'homme libre, à l'homme souverain, le travail est assigné comme son plus bel apanage. Par lui, tout s'ennoblit et se divinise. Une ombre quelconque, qu'on appelle la gloire, suffit pour faire oublier toutes les peines du labeur ; une étincelle le plus souvent illusoire, mais toujours bienfaisante, qu'on désigne du nom d'espérance, fait s'élever du bas du laboratoire un rayon à travers lequel se dessine un avenir de perfectibilité et de bien-être qui efface jusqu'au souvenir de la douleur de ceux des ouvriers-nations tombés à l'œuvre sur la brèche. Que de réflexions ne nous offrirait pas une revue des plus rapides même des produits si divers de ces ouvriers épars, isolés, retirés dans un coin quelconque, séparés les uns des autres par des barrières telles que les mers et les océans ! Que serait-ce, s'il fallait convier l'antiquité et tous les siècles subséquents à descendre dans une arène pour faire exhiber à chaque nation la page où est inscrite la part plus ou moins grande qu'elle a prise au travail, les fruits plus ou moins doux qu'elle en a recueillis, la satisfaction plus ou moins grande qu'elle en a ressentie, le prêt et à la fois l'emprunt plus ou moins considérables qu'elle en a faits aux autres peuples! Les anciennes zones de civilisation de la Chine, de l'Assyrie, de Babylone, de la Phénicie, de l'Égypte et de la Perse, désertent leur antique foyer pour passer en Europe. La philosophie et les arts de la Grèce, la législation de Rome, le christianisme de la Judée, se répandent en Afrique et en Espagne, dans les Gaules, dans la Germanie; elles y impriment à la pensée une nouvelle action, elles y jettent une nouvelle vie intellectuelle et morale. Ce n'est pas tout, les peuples donnent et laissent emporter les plantes utiles et l'art de les cultiver: la cerise fut importée de l'Asie Mineure en Italie; la vigne est plantée dans les Gaules par l'empereur Probus; la pomme de terre et le maïs arrivent, à travers l'immense Océan, des plaines chaudes et fangeuses des Antilles, sur les terres froides et parfois arides de l'ancien monde. Bref; tout ce qu'à la sueur du front, au prix de longs et douloureux labeurs, un peuple a acquis chez soi, dans sa patrie, resserré dans les limites d'un petit territoire, il en a fait part à d'autres nations, à d'autres contrées; de sorte que chaque nation a jusqu'ici donné son obole au développement humain, et que chacune a bien mérité une place au grand banquet de la civilisation.

Considérez le monde dans son ensemble, et vous serez émerveillés de tous ces peuples qui sont autant de riches grains de culture et de progrès semés avec profusion, mais qui, épars encore et en désordre, attendent la main habile du temps, seule capable de les grouper, de les arranger, d'élever le tabernacle sacré de l'association universelle des peuples, pour l'accomplissement des destinées de l'humanité.

Tel est et sera, en abrégé, le résultat de la division de la famille humaine en nationalités. C'est pendant le cours de leur vie non exempte, comme nous l'avons déjà dit, de mille haines et d'innombrables luttes, que l'humanité a grandi et grandira dans la succession des âges, pour rentrer, non pas dans cette unité mère et obscure d'où elle s'est échappée depuis les jours de son enfance, mais dans l'harmonie, dans l'unité éclairée des devoirs et des droits, des principes et des vérités, des sciences et des sentiments, hiérarchie féconde, faisceau divin d'où jaillira la paix, la vraie paix, la paix de l'âme et de la matière.

CHAPITRE IV

RAISON D'ÊTRE D'UNE NATION; — POURQUOI ELLE CESSE D'ÊTRE : EXEMPLES. — INJUSTE ÉGOISME DE QUELQUES NATIONALISTES : M. LE COMTE RACZINSKY ET SON LIVRE : LA JUSTICE.

Nous aurions arrêté ici ce rapide coup d'œil sur la question de la nationalité, si nous n'avions remarqué dans les ressources de dialectique dont elle abonde, non-seulement un honorable refuge pour le talent, quand même il tombe dans l'erreur, mais encore une cachette de faussaires où l'on puise cette monnaie détestable, mise en circulation, soit par l'esprit de caste, couvert de la plus épaisse rouille dont puissent l'envelopper avec le temps la jalousie et l'égoïsme, soit par l'esprit d'intérêt sordide et d'industrialisme monstrueux qui mènent à l'asservissement et qui élèvent de leurs propres mains le trône du despotisme.

En effet, si les nationalités, dans leurs brillantes plaidoiries, ont tenté avec un rare succès le rôle dévolu à la nationalité sur le théâtre du monde, ils n'en ont pas moins laissé une large issue à une controverse et à de funestes anachronismes.

Le principe de la nationalité a été défendu avec un enthousiasme si grand, qu'il a poussé plusieurs âmes généreuses à avancer que la nationalité était d'origine divine, et partant indestructible; elles ont sacrifié ainsi la vérité à la réussite de la cause des nationalités opprimées. C'était substituer à une injustice une autre injustice moins grande, il est vrai; mais, en définitive, c'était toujours une injustice.

Les nationalités ont droit à la vie, sans emprunter à l'erreur son appui : chaque page de ce faible écrit le dira.

Considérée comme ouvrier ou comme instrument de civilisation, une nationalité n'a sa raison d'être que tant qu'elle est en état de travailler. Le travail est, dit un philosophe historien, la première loi divine de la nature; quiconque est trop faible pour lui n'est pas seulement hors d'état de remplir sa propre vocation, mais il l'est aussi de contribuer et de coopérer à l'accomplissement de la destinée générale de l'humanité. Aussi, dès qu'une nation, faute de forces physiques et morales, et à force de vieillesse, d'épuisement et de fatigue, se trouve impuissante à continuer l'œuvre commencée ou à entreprendre l'œuvre à commencer, il est rationnel, il est juste, il est nécessaire que cette nation soit écartée du cadre de ces peuples remplis de vie, ouvriers actifs et assidus, et qu'elle soit abandonnée à elle-même, afin qu'elle opte entre le repos profond et éternel que lui offre la tombe, et la soumission à un autre peuple, au souffle duquel elle pourra rattraper une force quelconque, ou plutôt avec lequel, en s'y confondant, elle aidera à la formation d'une masse compacte et vigoureuse en état de développer tous les germes de progrès.

Les annales des siècles sont là, devant nos yeux, pour nous confirmer dans cette croyance.

Que sont devenues toutes ces nations de l'Asie et de l'Afrique qui ont rempli le monde de leur nom, et dont l'écho fidèle a passé jusqu'à nous? Où se trouvent-ils maintenant, ces peuples qui avaient pour capitales une Babylone, une Ninive, une Palmyre, une Ecbatane, une Suze, une Persépolis : florissants et magnifiques, mais à la fois tristes représentants des premières prospérités humaines? Tous sont descendus dans la tombe. Epuisés physiquement, ou moralement atteints de putréfaction, ces peuples ont été écartés de la liste des ouvriers actifs; car, dit le penseur Herder, la nature rejette la machine, quand elle ne la trouve plus propre à son dessein d'un développement actif, d'une saine assimilation.

A quel fait remonte la formation de ces grands peuples qui apparaissent sur la scène du monde pour se placer à la tête du développement et de la civilisation? Sans doute, au resserrement en un seul faisceau de ces nations caduques ou de ces milliers de fragments de peuples dissous par d'immémorables catastrophes, incapables dans leur dispersion, dans leur isolement, de quelque chose de grand et de durable.

Frêles plantes, ils se sont élevés à l'égal de l'arbre touffu sous l'abri duquel ils s'étaient placés pour écrire en nœuds les ans de leur existence.

Nous ne fatiguerons pas notre bienveillant lecteur en le faisant remonter incessamment à des époques déjà reculées, toutes les fois qu'il s'agit de chercher un exemple venant en aide à nos données. Nous le prions seulement de se rappeler les matériaux dont se compose cette France moderne, pays cher à toutes les intelligences d'élite et à tous les cœurs nobles. C'est par l'absorption en elle, tout le monde le sait, de ces petites nationalités, bourguignonne, bretonne et provençale, qu'elle a acquis l'unité la plus solide et la mieux assortie, qu'elle présente aujourd'hui à l'Europe divisée, comme un gage de plus de sa force et de sa durée. Si nous passons de la France à d'autres peuples, nous ne sommes pas, pour le présent, sans avoir à signaler, sinon des faits identiques, au moins des faits présentant pour l'avenir une grande perspective d'analogies. L'Angleterre libre conquerra bientôt et pour toujours son unité dans une équitable administration de l'Irlande et de l'Écosse. La Russie, désemparée de la Pologne, trouvera une unité respectable dans la fusion de ces nationalités infimes, telles que les Tartares, les Cosaques, les Baskyrs, les Kalmouks, etc.; la Russie, disons-nous, par la force immensément vitale de son élément slave, saura, n'ayez à ce sujet aucune crainte, se tailler un tout des plus compactes dans les haillons de ces peuplades déshéritées. L'Autriche, amputée préalablement de ces deux parties, la Hongrie et l'Italie, possède par son élément allemand une force civilisatrice qui lui rend déjà et lui rendra dès lors encore plus facile la germanisation de ces autres nationalités, savoir : les Styriens, les Bohêmes, etc., pour en faire un État digne et capable, en tout, de maintenir en premier rang la maison de Hapsbourg-Lorraine. Enfin, ces peuplades bâtardes ou abâtardies de la Turquie, telles que les Bulgares, les Albanais et les Bosniaques, sont et seront comme une cire malléable sous la main du peuple dont le souffle civilisateur leur fera respirer un air tout autre que celui de l'abrutissement et de la barbarie.

Si, au contraire, on reconnaissait à ces nationalités le droit de vivre séparément, non-seulement on mettrait autant de bâtons dans les roues de la civilisation, mais encore on tenterait l'impossible, on aboutirait à l'absurde, ou, ce qui est pis encore, on se jetterait dans le risque de voir ensemble ou tour à tour s'allumer autant de brandons de la guerre intestine.

Mais entre l'enthousiasme de quelques nationalistes et les égarements où mène leur principe absolu, un ruisseau à l'onde jaunâtre, semblable à celle de ces marais insalubres condamnés à une imperturbable immobilité, se glisse tous les jours, depuis le commencement de la guerre actuelle, et c'est à peine si l'on remarque les ravages qu'il porte dans le domaine de l'équité, du droit, de la logique, des principes; et cependant l'écume qu'il jette sur ses rives élève une fatale barrière à une réconciliation conservatrice, à un sentiment de solidarité entre tous les peuples qui, quoique remplis de vie et d'aptitude au travail, sont si énergiquement maintenus dans l'oppression.

En effet, jamais, avec des événements plus importants, avec le beau spectacle qu'offrent à nos yeux l'empressement et la confiance avec lesquels les peuples et les États se dirigent vers une assimilation morale, jamais, disons-nous, l'atmosphère des plaidoyers en faveur des nationalités n'a été si lourde ni si asphyxiante qu'elle l'est depuis l'apparition de quelques écrits récents sur la reconstitution de la noble et malheureuse Pologne. C'est que plus la cause de ce pays est sainte, plus les ressources auxquelles quelques-uns out eu recours pour lui assurer le succès sont peu dignes d'elle, nous avons presque dit iniques. Ces vieilles cartes, exécrable produit des institutions barbares et dégradantes, sorties des ténèbres des anciens régimes, ne trouvent-elles pas un reflet fidèle de leur égoïsme et de leur jalousie dans des écrivains qui, en exposant les malheurs de leur patrie, en défendant leur nationalité, en réclamant pour leur pays une existence politique, une administration nationale, en voulant faire respirer à leurs compatriotes l'air de l'indépendance et de la liberté, ne trouvent rien de mieux à offrir en holocauste à leur cause que la liberté, l'indépendance, l'administration d'une autre nation?

A quelle zone de civilisation appartiennent-ils ceux qui, d'un côté, cherchent un équilibre européen dans la reconstitution de ces nationalités, qui ont pour elles des siècles d'existence particulière, et dont la disparition deviendrait une cause incessante de perturbations, et qui, de l'autre, tâchent, par des arguments fallacieux, de faire enterrer dans les catacombes d'un empire étranger l'existence réelle et vivace des autres peuples; qui, d'un côté, prétendent rendre à la politique de la force par la loyauté, et à l'équilibre européen de la consistance par l'équité et le respect du droit des gens, et qui, de l'autre, conseillent à l'Autriche d'abandonner la Pologne et l'Italie, et de s'emparer, en revanche, de la vallée du Danube, c'est-à-dire de lâcher une victime dont le martyre date de trop longtemps, et de faire sa proie d'un autre peuple dont la vigueur le permettrait pour plus longtemps?

Le rétablissement de la Pologne, dit complaisamment M. le comte Raczinsky (page 117 de son livre intitulé : *la Justice!*), le rétablissement de la Pologne entraîne nécessairement l'échange de la Gallicie contre les provinces danubiennes, jointes aux bouches du Danube et à la Bessarabie. . . . .

. . . .

Ce ne serait qu'alors que l'assiette territoriale de l'empire se trouverait consolidée et définitivement affermie. Une administration équitable, jointe à des concessions de linguistique parfaitement praticables et inoffensives, pourrait attacher à l'empire des populations valaques et slaves, tandis que pour les Polonais et les Italiens, une domination étrangère ne peut être que la guerre permanente de l'oppression.

Qu'en dites-vous? Ne voyez-vous pas que pour faire un échange de victimes, l'âme compatissante de l'auteur s'applaudit? A coup sûr, ce n'était pas la peine de remplir deux cents grosses pages, si l'on n'avait à prononcer que de pareilles sentences.

Pourquoi ne pas être précis et correct dans les transactions? Pourquoi ne pas dire : Je te donne ceci en retour de cela? En voilà assez pour le marché. Pourquoi se fourvoyer dans l'histoire défigurée, dans l'argumentation sophistique, quand on doit être détruit par l'histoire vraie et l'argumentation saine?

Vous, monsieur le comte R....., qui faites preuve, il est vrai, d'une grande connaissance des affaires européennes, ne savez-vous pas encore que « les populations moldo-valaques ne sont pas, grâce à Dieu, au nombre des nationalités immolées? Elles ont une nationalité indépendante, reconnue par les traités anciens et nouveaux, une nationalité qu'il faut développer, affermir, consolider; mais qu'il ne s'agit pas de restaurer comme celle de la Pologne, ni de faire revivre, etc.

. . . .

Leur nationalité n'a donc pas à attendre de l'avenir sa restauration ou sa résurrection; elle n'a qu'à s'affermir et qu'à s'étendre. »

Ce ne sont pas nos expressions, comme vous le voyez, monsieur le comte, ce sont celles d'un homme qui a mis très-souvent sa grande intelligence et son généreux cœur au service de la cause polonaise (1).

Eh bien! si le livre de M. le comte R....., conçu d'un point de vue pratique, contient des propositions impraticables (car, comment voudrait-on admettre qu'un peuple existant fût si facile à tuer, et que d'un tombeau il en sortît un autre par la force d'une ba-

(1) M. Saint-Marc Girardin, dans le *Journal des Débats* du 29 novembre 1855.

guette magique?), si ce livre, disons-nous, a manqué le but même qu'il s'était proposé, que deviendrait-il, s'il subissait l'examen de la raison pure, s'il comparaissait devant le tribunal de la justice absolue? Nous n'insistons pas à en formuler la sentence; elle serait trop dure. Il nous suffit de répéter que M. le comte Raczinsky, autant que l'auteur de la lettre à l'empereur des Français, a complétement méconnu les armes qui conviennent à cette chère et malheureuse Pologne, dont le génie, selon la belle et véritable expression de M. Michelet (1), a grandi, s'est approfondi sous la verge de la Providence et dans l'épreuve du destin.

(1) Voyez page 15, *Pologne et Russie*, par J. Michelet.

CHAPITRE V

COSMOPOLITISME : IDÉAL, RÉALITÉ ; — ERREURS. — CIVILISATION ; BIEN-ÊTRE. — IMPORTANCE ET GRANDEUR, MAIS INSUFFISANCE DE L'INDUSTRIE : M. MICHEL CHEVALIER. — ÉLÉMENT MORAL ; — INFLUENCE DE L'INDUSTRIE ISOLÉE DE CET ÉLÉMENT ; — EXEMPLES : ESPAGNE. — LE POSITIVISME PROTÉGÉ PAR L'ABSOLUTISME. — RUSSIE.

Si nous sortons de la tente de l'exclusivisme national pour aller nous asseoir un moment au foyer du cosmopolitisme, ce n'est pas dans l'espoir d'y trouver un calme, une sérénité de pensée, une régularité dans les mouvements, un équilibre entre le but qu'on s'est proposé et les moyens dont on use pour l'atteindre.

Le cosmopolitisme est un dieu, un Jupiter fort

orgueilleux, qui se tient sur les cimes de l'Olympe; de là il étend ses regards sur la terre, sur les hommes; il distingue clairement la destinée de l'humanité à son degré le plus haut et sous sa forme la plus pure. Il s'élève au-dessus de la multitude, des faiblesses, des infirmités, des besoins, des nécessités, des passions, des vices, des transformations des sociétés humaines, et se porte avec la pensée aux deux grands termes de notre existence : le commencement et la fin. Dans les deux, au berceau, il voit l'unité; à la maturité, il découvre l'unité. Cette grande trouvaille l'éblouit; elle a en réalité trop de charmes; elle est une essence divine à côté de ces mesquines divisions, de ces petits sentiments, de ces petites passions, de ces petits intérêts qui se partagent le genre humain.

Le cosmopolite s'empare du marteau de la science, il frappe le tocsin des temps et des siècles : un son en part, et, au grand étonnement des peuples divisés, ce son est un glas imposant et monotone qui crie : Humanité ! pareil à ces cloches des vieilles tours qu'on rencontre en Orient, qui, en dépit du despotisme barbare et oppresseur des chrétiens, prononcent clairement dans leurs sons un nom cher aux fidèles. Sublime spectacle qu'on n'admirerait jamais assez. Les sociétés humaines, depuis leur origine, comme nous l'avons déjà dit, marchent, marchent sans cesse pour se rencontrer, et de leur prudente course s'échappent sans cesse des éclairs précurseurs de l'unité éclairée. Le cosmopolite, resté toujours sur le sommet, s'en réjouit ; l'idéal qu'il rêvait pour la famille humaine se convertit maintenant en réalité ; il n'a plus de motifs pour concevoir désormais des appréhensions sur les procédés dont essayeront les hommes, et dans cet élan d'enchantement, il quitte sa place de contemplateur ; il descend sur la terre, et, hélas ! pour s'y abandonner à de déplorables erreurs et y commettre les fautes les plus regrettables.

Arrivé au milieu des peuples où les efforts individuels et isolés priment, énervent très-souvent les efforts complexes et combinés, où les bonds, les révolutions ont encore plus d'attraits que l'acheminement mesuré, que les évolutions calculées et méthodiques, le cosmopolite se demande si c'est bien là le même monde qui l'avait séduit de loin, qui lui avait donné tant de douces émotions.

Bien que convaincu de la réalité, il lui coûte cependant de renoncer à toutes ces illusions que son imagination avait accumulées sur l'être humain. Aussi cherche-t-il à la hâte ce qui sépare les hommes entre eux; et en trouvant que ce sont ces barrières qui portent pour inscription la nationalité, il juge la nationalité sans l'examiner et la déclare coupable du retard, des entraves et des obstacles qui empêchent la réalisation de l'idéal après lequel l'homme court à fur et à mesure qu'il se développe.

Rien ne saurait consoler de la trop légère connaissance que le cosmopolite paraît avoir de l'homme, des sociétés et de la politique qui les a régies et les régit jusqu'à ce jour, et encore moins la compenser.

Ne savoir pas, ou plutôt ne pas vouloir connaître le drame intérieur qui se passe depuis le commencement dans l'âme des hommes, le drame qui constitue l'existence de presque tous les peuples, est-ce là la grandeur et la pénétration des hardis synthétistes qui tranchent d'un trait de plume l'ardue question de la destinée du genre humain? Écarter le flambeau que nous leur présentons pour parcourir ensemble les catacombes des annales des siècles, et pour en obtenir la conviction que ce sont les peuples qui, pareils à des ouvriers, ainsi que nous l'avons déjà établi, ont rapproché et amené le monde au point de laisser entrevoir à M. le comte de Maistre « je ne sais quelle unité vers laquelle nous marchons sans cesse, » est-ce là la preuve d'une grande élévation dans les plus hautes sphères de la pensée, de l'idée ; est-ce là ce qu'on appelle la recherche laborieuse, dans la succession des âges, des lois qui président aux mouvements des sociétés ?

Répondez, s'il vous plaît !...

On a déjà consacré plusieurs pages à ces époques durant lesquelles les peuples, agglomérés et soumis, n'ont ni force ni droit de réclamer contre l'uniformité que le maître avait établie pour tous en général. Eh bien, a-t-on trouvé ces peuples-là heureux ? les a-t-on trouvés en progrès, en paix ?

Non... dégénérés, ils végètent dans une ignominieuse apathie et dans une languissante monotonie, pendant tout le temps que les Grecs inondent l'Asie pour s'y confondre et pour n'y laisser d'eux aucune trace autre que le souvenir des massacres de leur arrivée et celui de leur décadence ; dégénérés, ils s'agitent aux pieds des aigles romaines, sans qu'ils fassent éclore aucun fruit de civilisation.

Après cela, on aurait pu s'attendre que les cosmopolites, en vrais humanitaires, eussent cherché dans leurs congrès, dont le but prononcé était d'obtenir et de propager la paix universelle, les moyens d'émanciper tous ces ouvriers laborieux, actifs et utiles que le despotisme, la petite politique et les cruels appétits frappent tous les jours pour les broyer. Mais, hélas! cette pensée n'a jamais pénétré ou pris de consistance dans la tête des cosmopolites : ils veulent la paix ; mais ils oublient que la paix est une chose complexe, qu'elle porte en elle de quoi foudroyer les trop matérielles aspirations et les principes de l'école de Manchester et de ses adhérents, plus ou moins enthousiastes, plus ou moins entrés dans ses vues et dans ses tendances.

Déclarer l'égalité entre les différentes nations remplies de vitalité, mais placées sous la domination d'une autre nation, et les membres de celle-ci, ce n'est pas enlever le prétexte de mécontentement, de révolte et de haine aux premiers contre les derniers ; car l'homme organisé pour la liberté et l'indépendance, l'homme jouissant de toutes ses facultés physiques et morales ne comprend pas, ne supporte pas une tutelle. Pourquoi donc les peuples viables ne travailleraient-ils pas séparément chacun dans son atelier ? Pourquoi ne pas être maître chez soi? Croyez-vous que cette légitime prétention des peuples les isole ? N'avons-nous pas vu comment ils se rapprochent les uns des autres en proportion de leur développement ?

L'harmonie est actuellement le principal besoin des peuples. Pour que cette harmonie existe, il ne faut pas qu'il y ait des contrastes entre les nations ; c'est la similitude de mœurs et d'usages, c'est une certaine égalité de dispositions qui forment les éléments les plus puissants dont se compose la paix. Pour se procurer ces matériaux, n'ayez pas recours à une agglomération forcée, à une monotonie asphyxiante : la contrainte est l'instrument le plus efficace pour supprimer l'activité de la pensée; la monotonie est la sépulture où se couche douloureusement tout ce qu'il y a de grand dans l'homme moral, tout ce qui fait de lui le dieu de la terre, s'il nous est permis de nous exprimer ainsi. La diversité des occupations, des aptitudes, des besoins, des recherches et des formes des peuples, c'est le mélange de l'unité et de la variété, c'est la vie de l'univers. Ce n'est pas certes contre elles que le cosmopolitisme pourrait jamais combattre avec la moindre chance de réussite. Ce qu'il importe d'obtenir, ce dont nous avons besoin, c'est de faire disparaître et l'idée humiliante de race et la mesquine jalousie de nationalité; ce qu'il faut mettre à la place, c'est la solidarité de toute la famille humaine, la grande association. Elle est, ne nous lassons pas de le répéter, préparée de longue date par cette civilisation dont le programme a été en grande partie daté du fond de l'étable de Bethléem et du sommet de la montagne des Oliviers, quelques heures avant que le Fils de l'Homme devînt le martyr de la vérité divine et du salut de l'humanité.

Mais la question de la nationalité est pour le cosmopolitisme une barque à la merci des flots. Ne nourrissant son imagination que de l'idéal de cette suprême destinée du genre humain, il n'a pas le temps de s'aperçevoir que les rames qu'il tient à la main sont en complète disproportion avec la grandeur et le poids de l'équipage.

Qu'on ne prenne point cette donnée pour un simple jeu de mots; il y a un fait réel qui ne nous a jamais paru, comme d'autres l'ont prétendu, inexplicable. Toute la doctrine du cosmopolitisme, formulée surtout dans les écrits récents, se présente avec la prétention d'être incontestable, absolue, non-seulement dans son principe, l'humanité, mais encore dans les contingents qu'elle appelle en aide de ce grand principe. Parmi ces contingents figurent le dépérissement de la nationalité comme condition de la loi d'assimilation ; le bien-être comme condition de cette loi ; le commerce et l'industrie avec les chemins de fer et les fils télégraphiques comme condition de l'assimilation du bien-être.

Et vous appelez cela de faibles contingents? nous dira-t-on. Oui, car la civilisation et le bien-être se font, se complètent par d'autres éléments supérieurs à ceux-là.

Au milieu du chaos de ces bandes d'agioteurs, au milieu du mouvement frénétique des calculs égoïstes, des intérêts sordides, des passions sans nom et sans formule; au milieu, disons-nous, du pot-pourri des médiocrités, du passable, de l'à peu près, de l'engourdissement du beau et de l'idéal, du noble et du sublime, la civilisation et le bien-être ne trouvent leur véritable et sainte définition que dans quelques produits du génie, dans quelques traités philosophiques, quelques traités de morale et d'histoire, ou dans la bouche de quelques illustres et sincères artisans de la pensée que le combat ne brise pas, que l'adversité insensée de l'aveuglement du temps ne décourage pas, que l'éclipse momentanée des grands principes n'empêche pas de prédire et de chanter le retour de la lumière du soleil.

On a déjà recherché, avec une hardiesse qui n'exclut nullement la profondeur et l'érudition, le sens usuel et populaire du mot civilisation ; on l'a demandé à tous les âges, à toutes les époques, à toutes les sociétés, à tous les degrés de l'échelle du développement de l'humanité ; et la réponse a été, dit un illustre historien, « que l'espèce humaine n'est pas une simple fourmilière, une société où il ne s'agit que d'ordre et de bien-être, où plus la somme du travail sera grande et la répartition de ses fruits équitable, plus le but sera approché et le progrès avancé. L'instinct des hommes répugne à une définition si étroite de la destinée humaine. Il lui semble, au premier aspect, que le mot civilisation comprend quelque chose de plus étendu, de plus complexe, de supérieur à la plus absolue perfection des relations sociales, de la force et du bien-être social.

« Les faits, l'opinion publique, le sens généralement reçu du terme, sont d'accord avec cet instinct. »

A Dieu ne plaise, cependant, que nous ayons l'ombre même de l'intention de rabattre quelque chose de la grandeur et des bienfaits du commerce et de l'industrie, ou bien d'amener le moindre nuage sur les services signalés qu'ils ont rendus à l'humanité !

Nous nous inclinons religieusement devant le commerce, ce gigantesque Deucalion qui a semé et sème encore, de sa main inépuisable en prodiges, les villes et les peuples ; nous admirons, nous aimons à voir célébrer, peindre les merveilles de l'industrie. Leur influence salutaire sur la condition sociale, sur le maintien de l'ordre et de la tranquillité, par la satisfaction des besoins du plus grand nombre, appartient à l'imagination la plus heureuse, car elle seule saura unir l'enthousiasme légitime à l'exactitude technique, pour nous dire la grande mesure dans laquelle l'industrie a accéléré la marche des sociétés vers une politique féconde d'égalité et de liberté civile.

Cependant, les lauriers dont l'industrie est parée ne la font point échapper à la nécessité de se reconnaître incapable d'offrir elle seule à l'humanité la paix, la liberté et le véritable bien-être. Nous ne pouvons attribuer à l'industrie plus de valeur qu'elle n'en a réellement.

M. Michel Chevalier écrivait dernièrement que « *l'industrie est l'esprit humain lui-même.* » C'est que la plume du maître qui a tracé et trace encore tant d'admirables choses s'est laissé, dans ce moment, trop influencer par le désir noble et légitime de relever l'exposition universelle de 1855. Mais la méprise, nous avons presque dit l'erreur de M. Michel Chevalier, n'en conserve pas moins son importance. Prendre l'industrie, une des manifestations, une des images, un des produits de l'esprit et de l'intelligence, pour l'esprit, l'intelligence elle-même, n'est-ce pas une faute que la rectitude du raisonnement philosophique ne tolère pas ? Comment faites-vous pour oublier que l'industrie n'est qu'un de ces points que la pensée de l'homme fertilise indéfiniment, qu'elle parcourt dans tous les sens, librement, capricieusement, sans jamais se lasser ? Cette définition de l'industrie que nous trace M. Michel Chevalier a donné lieu à plus d'une fausse interprétation, parce qu'elle ouvre la porte à tous les égarements possibles. Quoi ! l'esprit humain qui conçoit l'infini, qui communique avec l'immuable et l'éternel, qui ne connaît point de bornes, qui enjambe le domaine des faits, pour prendre aussi possession de celui des lois, qui s'élève jusqu'à Dieu, et qui, dans sa grandeur et son indépendance, aspirerait à franchir même cette suprême et mystérieuse échelle, s'il savait qu'au delà il y eût quelque chose à connaître, cet esprit n'est-il pas méconnu, insulté, quand vous mettez sa valeur entière dans une seule de ses nombreuses applications, l'industrie, matière bornée, changeante, périssable, éphémère ? Ah ! cela conduirait loin. Il y a de la témérité à livrer des définitions vagues, équivoques surtout, dont on pourrait se prévaloir pour combattre les plus grands dogmes. Nous ne savons si, en circonscrivant l'esprit humain dans des cercles si étroits, nous ne rencontrerions pas encore plus de difficulté quand il s'agit de recourir à cette douce consolation, l'immortalité de l'âme.

Nous nous arrêtons ici, en abandonnant humblement toutefois la définition de notre savant économiste à la méditation des penseurs qui font la gloire de ce siècle, et parmi lesquels M. Michel Chevalier lui-même occupe une place honorable.

A aucune époque de la vie des peuples, l'industrie, le commerce, le bien-être matériel, n'ont sauvé à eux seuls la dignité de l'homme ; ils n'ont fait que lui offrir un avenir problématique, tout hérissé d'épines, torturé d'incessantes douleurs. Laissant de côté la Hollande et l'Angleterre, dont on a déjà parlé plus d'une fois, nous nous heurtons contre l'Espagne et le Portugal.

Quelles ont été les transactions commerciales de ces deux peuples, le trafic qu'ils ont exercé jusqu'à la plus effrayante incarnation de l'appât sauvage du gain, les richesses qu'ils ont amassées, les trésors qu'ils ont engloutis, le sang qu'ils ont sucé, puis converti en or ? L'histoire l'a déjà dit, et elle a déjà protesté de toute sa majestueuse austérité contre le développement matériel de ces peuples, en racontant leur abrutissement intellectuel traduit en une férocité exceptionnelle, leur humiliation et leur dégradation morale expliquée par les atrocités de l'inquisition, leurs appétits matériels manifestés par le rejet des principes éternels, enfin, leur profonde ignorance prouvée par la révolution d'hier, de l'Espagne, où les barricades françaises de la rue ne manquèrent pas, mais où la pensée révolutionnaire n'osa démolir les murailles qui entouraient le tribunal inquisitionnaire, quoique la fièvre qui l'agitait ne fût autre chose que l'horreur du fanatisme. Il fallut aux citoyens madrilènes plusieurs mois d'indécision, de crainte, d'hésitation, de délibération et de dispute, pour se permettre de proclamer la liberté de conscience, la tolérance religieuse!

Il faut beaucoup de vertu, beaucoup d'extension de sentiments nobles, pour maintenir la dignité de l'homme.

Les peuples qui ont sacrifié l'idéal aux calculs matériels, et qui n'ont pas su concilier le travail manuel avec le travail de la pensée, ces peuples n'ont pas eu et n'auront pas l'avenir pour eux. Les nations qui ne vivraient point par la vie du cœur et de l'intelligence ne sauraient vivre, elles ne feraient que végéter ; elles ne sauraient se régénérer, elles ne pourraient que dépérir; elles ne sauraient conquérir l'ordre, elles ne ne feraient que préparer l'émeute des passions sordides; elles ne sauraient prospérer, elles ne feraient que mettre sur leurs plaies de vains appareils; elles ne sauraient guérir leurs blessures, elles ne feraient que les abandonner à la gangrène.

Enfin, la civilisation qui reposerait sur l'industrie seule serait malsaine, maladive, à la voix rauque, à l'œil farouche, à la tête dure, à l'âme engourdie ; cette civilisation serait en contradiction avec la civilisation elle-même ; ce serait un contre-sens.

En effet, supposons l'industrie mise seule à l'œuvre de la civilisation, et voyons à quelle fin cette civilisation pourra parvenir ; certainement à l'amélioration de l'humanité, sous le rapport de toutes les commodités matérielles et physiques.

Eh bien ! y reconnaissez-vous l'homme, sa noble nature?

Evidemment non. « Nous avons inventé un barbarisme, dit M. Jules Simon (1), pour exprimer une

(1) Voyez le *Devoir*, seconde partie, page 176.

chose barbare : le *positivisme*. Le positivisme a envahi la plupart des esprits ; c'est le plus implacable ennemi du progrès, de la science et de la civilisation. » Le bonheur, le bonheur vulgaire : produire et consommer, acquérir et s'enrichir, voilà le principal point de mire de l'industrie. L'industrie ne part que très-rarement, nous avons presque dit jamais, de la lumière, pour voir le beau avec l'utile ; elle part presque toujours de l'utile, du calcul pratique, égoïste, pour découvrir la lumière qui saurait lui faire obtenir la plus grande somme de satisfaction matérielle. L'industrie ne connaît que l'agréable ; elle sépare bien souvent ce qu'elle *aime* de ce qu'elle *estime;* elle ne voit guère que le *beau réel ;* car celui-ci a sa nature dans les objets : le beau idéal lui est inconnu ; il n'est jamais communiqué à son imagination.

Eh bien ! ce ne sont pas là les procédés dont a essayé l'esprit humain dans toutes ces tentatives et toutes ces découvertes que les siècles se passent de main en main, et qui sont autant de fanaux qui guident les hommes dans ces innombrables sentiers qui conduisent *à la lumière* et au bien-être. Ce n'est point une hypothèse gratuite ; nous attestons, au contraire, l'histoire de la civilisation du monde et la philosophie des annales humaines. Promenez vos regards sur ces dernières; sonnez du clairon de Vico et de Herder, et bientôt cette phalange sacrée qui protége l'humanité contre les ténèbres des âges, qui la pousse à se rendre compte de sa propre nature, de ses rapports avec la Providence et le monde, et qui lui trace un itinéraire divin pour le long voyage qu'elle a à faire; cette phalange sacrée, disons-nous, vous apprendra que toute sa belle et immortelle moisson est récoltée au filet de la spéculation pure; que c'est au prix d'une recherche laborieuse du beau qu'elle a trouvé l'agréable, que c'est par l'étude de ce qui est digne d'estime qu'elle est arrivée à l'amour; que de l'*idéal* elle est descendue au *réel*, du *vrai* à l'*utile*.

Ce qui mérite une spéciale attention, c'est qu'un développement exclusif de l'industrie, aurait-il les proportions les plus colossales, ne porte aucun ombrage à l'absolutisme même le plus complet, au gouvernement le plus despotique; au contraire, il est l'objet de ses soins les plus empressés, de ses encouragements les plus enthousiastes. Prenons un exemple : la Russie, si vous aimez mieux; au reste, elle passe, nous ne savons trop pour quelle raison, pour la plus sévère dans son autocratie, la plus implacable dans la persécution contre les lumières. Eh bien ! la Russie n'est-elle pas couverte d'usines, son souverain entrave-t-il le moins du monde l'extension industrielle et commerciale de son peuple? Ne lui a-t-il pas créé, au fil de l'épée et par la voix du canon, au prix des produits des monts Ourals et de ceux de la chancellerie des Pozzo di Borgo et des Nesselrode, des débouchés dans la mer Noire, dans la Baltique, dans la mer Blanche, dans la mer Caspienne, dans la mer d'Azoff, enfin, dans le Danube autant que dans le fleuve *Amour?* Quel est le sacrifice devant lequel ait reculé la trop intelligente et perspicace maison des Romanoff pour rendre riches et florissants ses États, dont les frontières ne sont loin de Vienne que de soixante-quatre milles allemands; de Dresde, que de quarante-quatre; de Leipzig, que de cinquante-six (1)? La civilisation du chemin de fer a-t-elle paru périlleuse aux autocrates russes? Ne cherchent-ils pas, au contraire, à agrandir leur peuple par la *plus grande circulation possible?* N'y a-t-il pas, de Moscou à Saint-Pétersbourg, un chemin de fer qui va aussi bien que dans l'occident de l'Europe, en France et en

(1) En 1801, les frontières de la Russie étaient à cent milles allemands de Vienne, à cent dix de Dresde, à cent vingt-cinq de Leipzig.

Angleterre? A l'heure qu'il est, la Russie ne se trouve-t-elle pas à la veille de l'exécution du projet immense de construire un chemin de fer de *cent soixante lieues*, à travers la Circassie, pour donner un essor gigantesque à ses relations avec Tiflis et l'Asie Mineure? Quelle est la science positive, quelles sont les inventions qui viennent en aide à l'industrie et à l'agriculture que la Russie n'ait adoptées et qu'elle ne soit prête à s'approprier aujourd'hui? N'existe-t-il pas, en Russie, plus d'équilibre qu'en Occident entre la production et la consommation? Le peuple ne s'y trouve-t-il pas dans l'aisance plus que dans le reste de l'Europe civilisée? A-t-elle, la Russie, a-t-elle, nous vous le demandons, *un mendiant* sur *cent quatre, un indigent* sur *treize*, douloureux chiffres relevés dernièrement par la savante statistique de la France qu'a faite M. le baron de Watteville? Quelle plus grande régularité pourraient demander les adorateurs de l'*ordre* à tout prix, que celle qui règne en Russie? N'y donne-t-on pas, avec une régularité des plus rigoureuses, sur les places de Pétersbourg et de Moscou, de Varsovie et d'Odessa, de Nicolaïeff et de Cronstadt, d'Archangel et d'Astracan, de Tobolsk, en Sibérie, et de Kichineff, en Bessarabie, sur les places de tous les chefs-lieux des districts, sur celles des bourgades et des villages de toutes les provinces, n'y donne-t-on pas, disons-nous, la quantité de pain et de coups de bâton, de travail et de repos, d'instruction et d'ignorance, de foi et de superstition, d'espoir et de patience, de désespoir et de résignation? L'empereur des Russies n'est-il pas à la veille d'émanciper les serfs de l'empire? Eh bien! la valeur personnelle reconnue en Russie, où, comme nous l'avons déjà dit, le grand, l'affligeant problème du paupérisme n'existe pas, n'est-il pas évident que l'équilibre entre le travail et le salaire, entre le salaire et le profit, ne tardera pas à se réaliser? Enfin, la Russie n'a-t-elle pas un gouvernement dont le système administratif, basé sur le *despotisme central*, s'*attribue* toute la *responsabilité* dont on veut décharger en Occident l'*individu?*... Où donc, plus qu'en Russie, le terrain est-il nivelé pour que l'*avantage matériel* soit le lot du *plus grand nombre*, de l'*universalité?*

Eh bien! est-ce là le bonheur, est-ce là l'ordre, est-ce là la paix, est-ce là la civilisation, matériaux nécessaires à l'édification de l'*équilibre humain* et de la *grande famille?*

Evidemment non. Nous n'y avons trouvé, nous l'avouons franchement, que ce qui se rapporte à *la partie matérielle de l'homme*, *et* NON PAS A L'HOMME ENTIER; nous n'y avons aperçu que *les moyens* de l'existence de l'homme, et non pas *la fin de cette existence.*

Or, pourquoi se présente-t-on avec des aliments qui ne peuvent que m'entretenir la vie et non me conduire au *but suprême*, vers lequel je tends, en ma qualité d'homme et en raison des lois de mon organisation propre?

Or, combien de fois faudra-t-il qu'on vous le dise : qu'homme, j'aspire non pas à l'*obésité*, mais à la *dignité;* qu'homme, je ne vous demande pas à m'assurer une longue durée de ma visite sur cette terre, mais que je vous réclame l'art de vivre noblement, vertueusement, ne fût-ce que pendant un moment d'existence? Par quel anachronisme fatal vient-on, en plein dix-neuvième siècle, mépriser, pour ne pas dire se montrer fier d'ignorer la nature humaine? Un nombre infini de siècles s'est perdu dans les abîmes du temps depuis que la voix de la haute sagesse, la voix de Socrate, faisant entendre cette immortelle phrase : γνῶθι σὲ αὐτὸν (connais-toi toi-même), l'homme détourna ses regards du ciel pour se regarder, pour s'étudier soi-même; car, par la connaissance de sa nature intelligente et libre, il allait être conduit par la pensée à l'explication de toute chose, et la pensée allait lui servir de degré pour monter jusqu'à Dieu. Et quoi! serait-ce aujourd'hui que cette parole de l'immortel philosophe athénien, parole conservée religieusement par tous les âges, viendrait à ne plus trouver d'écho? Non; grâce à Dieu, ce n'est pas cela qui nous inquiète, et nous ne serions pas sans avoir à en donner des raisons péremptoires, s'il fallait nous expliquer ici (1).

(1) Véritablement et sincèrement, je regrette de toute mon âme que le cadre de cet écrit ne me permette que d'effleurer, ou pour être plus dans le vrai, de mentionner cette grave question. Elle a été déjà brillamment traitée par des penseurs dont les œuvres ne laissent à leurs admirateurs et disciples presque aucune lacune à combler. Cependant, je n'ai pu ou su résister aux attraits de cette question; aussi aura-t-elle *un jour* une grande place dans les humbles et modestes études philosophiques que nous espérons publier.

CHAPITRE VI

INDUSTRIALISME. — SES CONSÉQUENCES MORALES, SOCIALES. SES CONSÉQUENCES POLITIQUES. — EXEMPLES : LES ÉTATS-UNIS, M. DE MARCY ET SA DÉPÊCHE ; — L'ANGLETERRE. — PROGRÈS DU BIEN-ÊTRE. — DOCTRINES EXAGÉRÉES ; — ELLES CONDUISENT PAR LE DÉSIR MÊME DE BIEN-ÊTRE, DE PAIX ET D'ORDRE, A LA DÉIFICATION DE L'ABSOLUTISME.

Mais la médaille a un revers plus affligeant encore. Les unitaires, les cosmopolites ont tellement exagéré la portée de l'industrie, que cette dernière a fini par enfanter l'*industrialisme*, qui est à l'industrie, nous disait dernièrement l'honorable M. de Lourdoueix, ce que l'intrigue est à la saine politique, ce que la chicane est à la justice.

Sorti des flancs de l'industrie, l'*industrialisme*, sous les formes riches et sous les traits brillants de sa mère, porte aisément le ravage dans le monde moral, puis il s'étend au delà de son lit pour dévorer les trésors des peuples, le sien ne pouvant vivre que sur l'épuisement de ceux des autres. Après avoir transformé la vie en un mécanisme régulier, après avoir rendu l'*addition* et la *soustraction* maîtresses absolues de la situation, et après avoir subordonné, humilié et fait plier toutes choses devant son regard sec et féroce, l'industrialisme a rigoureusement isolé la société de la patrie, la patrie de l'humanité, *et toutes ces choses sacrées de la famille et de la fortune*. Aux seuls accents de ces dernières, surtout à celui de la seconde, l'industriel est ému, tremblant, soumis ; on dirait qu'il y reconnaît l'univers et la Providence. Aussi, il n'y a pas de sentiment, il n'existe pas d'affection, la vertu et le dévouement ne trouvent aucune place à occuper dans la société ou dans le peuple où tout se solde par des chiffres.

Scrutez avec attention chacun des sentiments du cœur de ces peuples dont la base fondamentale du développement est l'industrie, et où tout mouvement, tout acte, toute manifestation sont marqués au coin de l'esprit *industriel* et mercantile, et vous découvrirez, sous les formes les plus séduisantes, la glace, le poison.....

En voulez-vous des exemples?

Ah! on en a déjà donné plus d'un de la vérité la plus affligeante.

Il vit encore dans la mémoire de chacun, le marché ignoble que l'Amérique, le superbe temple de la liberté... a passé avec les Turcs pour les approvisionner contre les Grecs, pendant que ceux-ci combattaient pour leur indépendance.

Pouvons-nous rester indifférent devant le spectacle que nous offre aujourd'hui encore, au moment où nous écrivons, cette libre et heureuse Amérique?

La guerre orientale, espoir de réparation de bien des offenses et de bien des iniquités, à-t-elle ému les citoyens du nouveau monde? Se sont-ils montrés disposés, non à seconder telle ou telle partie belligérante, mais à solliciter, à demander, à insister, pour qu'on remplît ce bassin de la balance, qu'attend depuis si longtemps la liberté des peuples comme un contrepoids à tant de travaux, d'infortunes et d'espérances cruellement déçues? Non! Le cabinet de Washington s'est borné à dénoncer les traités du péage du Sund; car il s'agissait d'enlever une contribution sur le commerce des États-Unis en exemptant désormais leurs vaisseaux et leurs cargaisons de la taxe imposée par le Danemark au susdit passage. M. de Marcy, ministre des affaires étrangères des États-Unis, dans sa récente et fameuse dépêche, a démontré éloquemment les raisons pour lesquelles le cabinet de Washington ne pourrait se faire représenter aux conférences projetées à Copenhague : « Si nous consentons, dit-il, à des exactions imposées à notre commerce à l'entrée de la Baltique, de pareilles exactions pourraient surgir, d'après le même principe, au détroit de Gibraltar, de Messine, des Dardanelles et sur tous les grands fleuves dont les embouchures sont occupées par des puissances indépendantes. » Monsieur le ministre des États-Unis, si vous êtes tellement rigoureux sur un principe commercial, que ne l'êtes-vous aussi sur ceux d'un ordre non moins important et *beaucoup plus élevé : l'ordre moral !* Vous y êtes intéressé à deux titres également sacrés : cpmme citoyen libre et comme ministre de la plus grande république moderne. Vos honorables concitoyens ont consenti et consentent encore à des actes qui ne sont rien moins que les antipodes de vos grands et larges principes libéraux. Ces inconséquences conduisent plus loin et plus fatalement que celles qui surgiraient de votre consentement au rançonnement du Sund. Ces inconséquences s'étendent bien au delà de Gibraltar, des Dardanelles et du Sund; elles trouvent un douloureux écho à Constantinople comme à Paris, partout où l'on rencontre une trace de civilisation.

Vous dites, citoyen ministre : « que le gouvernement des États-Unis ne consentira jamais à la prétention; que le nouveau monde doit s'accommoder *à la balance de l'ancien.* » Nous en convenons bien volontiers cette balance est en grande partie très-mauvaise. Mais s'ensuit-il le droit de vous isoler des destinées de l'Europe? Les citoyens du nouveau monde auraient-ils laissé, par hasard, échapper de leur pensée et de leur cœur cette grande idée, cette conviction de la solidarité de toute la famille humaine? Dans ce cas, ils auraient perdu la pierre de touche de la civilisation et de l'avenir du monde; ils auraient oublié sa suprême destinée.

Demandez, citoyen ministre de Marcy, demandez aux tombeaux de Washington et de Franklin si l'ancien monde, pour voler à votre secours et pour vous donner la liberté, a interrogé l'histoire et la géographie sur la date de l'existence de l'Amérique, sur les plantes qu'elle possède, sur la couleur des habitants dont elle est peuplée? Il a suffi à l'Europe, citoyen ministre, de savoir qu'il y avait dans cette partie du monde des hommes, des hommes opprimés, des hommes dignes de vivre dans l'indépendance et dans la liberté. Serait-ce donc naturel que la maturité de l'Europe et son titre d'ancien monde déliassent les citoyens des États-Unis du devoir qu'ils ont à remplir envers leurs semblables, envers leurs frères, envers leurs *bienfaiteurs* (1)?...

Prenons un autre exemple.

Ne reste-t-elle pas encore toute noire, cette page de l'histoire où sont retracées les *cent cinquante mille* livres sterling données par l'Angleterre comme *subside* à l'Autriche, pour qu'elle pût faire avec succès *le siége de* GÊNES, dont le peuple, bien que ruiné, asservi, broyé, s'est soulevé cependant en 1746, avec l'énergie et la bravoure d'un désespoir qui fait l'espérance des

(1) Tout en retraçant sommairement des regrets et des récriminations légitimes, nous ne renonçons pas à la conviction intime qu'un jour, demain peut-être, l'Amérique, dégagée de l'esprit d'industrialisme qui a envahi jusqu'à ses autels, viendra en aide aux peuples de l'Europe.

opprimés... et qui s'impose à l'admiration du penseur ?...

La mémoire ne recule-t-elle pas avec terreur devant le souvenir de la mission pour Saint-Pétersbourg, dont lord Durham fut chargé par le cabinet de Saint-James, au moment solennel où la Pologne râlait sous le knout moscovite ? Le noble lord devait, non laver la honte de l'indifférence criminelle du ministère de lord North, « qui avait laissé isolés et impuissants les efforts *sérieux* des amis du roi Louis XV et du duc d'Aiguillon en faveur de la Pologne (1), » non protester, au nom de la justice et du droit des gens, contre les morsures qu'on faisait à la Pologne, mais plutôt régler la question commerciale de la Baltique. Dix millions de livres sterling constituaient la balance commerciale entre la Grande-Bretagne et la Russie : c'était assez pour vouer à la servitude tout un peuple. Rangez dans la même catégorie de... — l'expression nous embarrasse complétement, la vente faite en 1819, par les protecteurs des îles Ioniennes, — de la ville de Parga avec son territoire, pour la somme de *cinq cent mille* dollars, à Ali, pacha de Janina, un

(1) Dépêche de M. le comte de Vergennes à M. d'Adhémar.

des plus odieux bourreaux de la chrétienté orientale.

Les Anglais cependant, l'histoire leur rendra cette justice, ont eu l'âme assez chrétienne pour permettre aux habitants de Parga de quitter la ville natale avant l'entrée de la garnison turque, d'enlever au moins du cimetière les os de leurs pères et de les brûler sur la place publique !

Donnez, en passant, un faible souvenir à la guerre de la Chine, en 1839, et ne dédaignez pas les récits des désastres, des maux et des guerres civiles qui se disputent depuis plus de quatorze ans le Céleste Empire, *grâce à la guerre* de l'OPIUM qui sert de breuvage à trois cent millions d'âmes, dont le thé et la soie sont si nécessaires et si avantageux pour le trafic de la Grande-Bretagne.

Enfin, ne restez pas à demi-chemin, encore une petite station, et en abordant les événements qui se passent sous nos yeux, peut-être vous heurterez-vous contre les chiffres placés en face des planches de la Finlande, du soufre de la Sicile, des comptoirs d'une foule de trafiquants dont pullule l'espace entre l'Himalaya et la mer des Tropiques, et pour comble de satisfaction, vous serez initiés au projet de prendre pied en Asie Mineure, car la conquête de la Géorgie et des provinces transcaucasiennes faciliterait la route vers les Indes, à travers la Perse...

Nous écartons toute digression sur ces faits, enfants terribles du hideux industrialisme : il est des choses, telles que celles que nous venons de rapporter, qui se suffisent à elles-mêmes sans aucune observation. Au reste, le grand livre de l'humanité aura soin d'enregistrer à son tour et à sa manière les bénéfices réalisés par ces deux peuples, les plus libres de l'univers...

L'étendue de la misère de ces classes déshéritées, qui protestent contre une société qui leur donne encore trop peu relativement à ce qu'elle possède, a mérité dans le passé, et mérite dans le présent et dans l'avenir les soins les plus vigilants et la plus vive sollicitude des économistes et des gouvernements. On frémit à la pensée que malgré l'émigration de tant de familles européennes, qui ont trouvé hospitalité, ouvrage et liberté au Texas, à Montévideo, dans les Californies, à la Nouvelle-Zélande, chaque saison a encore ses nombreuses victimes en Angleterre, en Allemagne, en France, en Belgique, parmi les classes ouvrières; car le paupérisme, cancer terrible, les ronge impitoyablement. Aussi l'on ne saurait trop recommander, répétons-le, à l'attention du penseur et à celle des gouvernements le PEUPLE, ce *peuple* tour à tour doux et cruel, gracieux et farouche, sensé et maniaque, poli et sauvage : mélange bizarre, qui fait en si grande partie le bonheur et le malheur des États...

Malgré tout ce qu'il y a de douloureux, aujourd'hui encore, dans l'existence des classes inférieures et nécessiteuses, généralement les peuples de l'Europe ont déjà conquis une grande partie de ces améliorations morales et matérielles qui garantissent, ou pour le moins présagent un lendemain de bien-être et de bonheur, non complets, sans doute, cela étant impossible. Il faudrait, pour les obtenir, qu'il s'établît un équilibre parfait entre les désirs de l'homme et ses moyens, entre ses diverses et complexes volontés et les multiples infirmités dont sa vie est surchargée. Néanmoins, ce bien-être incomplet aura le grand avantage de niveler toutes les routes des sociétés humaines, d'effacer tous ces restants d'inégalité des droits politiques qu'on retrouve, jusqu'à ce moment, dans certains États européens, et de nous animer à parcourir d'un pas ferme l'espace qui nous sépare de ce dernier degré réservé *aux progrès de l'avenir*. Aussi croyons-nous fermement que les plaintes que l'on fait entendre avec la même aigreur et avec la même violence sur les souffrances des classes nécessiteuses viennent justement, s'il nous est permis d'emprunter l'expression dont se sert Kant dans une question aussi grave, de ce que, à mesure qu'on s'élève d'un degré dans le bien-être et le bonheur, on les voit plus loin de soi, et que les jugements que l'on porte sur ce que l'on est, en se comparant à ce que l'on devrait être, et par conséquent les plaintes que l'on profère, sont d'autant plus injustes qu'on a déjà franchi, dans l'ensemble du cours des choses, tel que nous le connaissons, un plus grand nombre de degrés de bien-être.

Cependant, l'esprit humain est susceptible de deux maladies également dangereuses dans leurs suites : l'*exagération* et l'*exclusivisme*. Rien ne les alimente, ne les entretient mieux et ne les fait éclore plus rapidement que le penchant naturel ou adventice de certains hommes à ne voir les choses que par les yeux de l'enthousiasme, et l'opiniâtreté de la majorité des mortels (*c'est le pire des maux*) à ne s'appuyer que sur un principe qui, poursuivi dans toutes ses conséquences, conduirait l'homme à la dérive. L'humanité, pendant des siècles entiers, a payé de sa dignité et de son bonheur l'expérience qu'elle a faite de toutes les aberrations et de toutes les absurdités qui sont inhérentes à l'exagération et à l'exclusivisme. Grâce à l'un et à l'autre de ces deux vices, tant de grandes tentatives de l'esprit humain ont avorté, et tant de grands systèmes et de grandes doctrines se sont vus non-seulement entraînés au delà de leur principe fondamental, mais encore placés en contradiction flagrante avec les vérités qu'ils s'efforçaient de découvrir, et avec la cause qu'ils s'étaient proposé de défendre.

Ce ne sont pas les exemples qui, là-dessus, nous font défaut.

La philosophie elle-même, que nous appellerons volontiers la seconde providence de l'homme; — car de même que, pour exister physiquement, il a besoin de respirer l'air, de même, pour exister moralement, il a besoin de penser, et si la puissance divine lui donne la satisfaction de la première nécessité, l'étude de la philosophie lui donne les règles de la pensée; — la philosophie elle-même, disons-nous, s'est ressentie bien tristement de ces deux épidémies dont nous avons déjà parlé. Thalès de Milet, s'appliquant exclusivement à l'observation de quelques phénomènes passagers, et Pythagore, partant uniquement du principe absolument rationnel *des nombres* pour établir un système d'organisation et de création universelle, produisent le scepticisme des sophistes à Athènes; — Platon, ce prince de la philosophie antique, ne reconnaissant qu'à la raison le pouvoir de nous donner des idées vraies, finit par engendrer le mysticisme de l'école d'Alexandrie; — Aristote, se contentant uniquement d'observer, enfante une école qui devient, au bout du compte, matérialiste; — Bacon, recommandant obstinément l'expérience, et appliquant constamment ses principes à des exemples choisis dans le monde matériel, fait naître la doctrine de la sensation; il contribue puissamment à l'engendrement de Hobbes, l'effrayant, l'impitoyable sensualiste, et il va s'engloutir dans le matérialisme d'Helvétius et de quelques autres; — Locke, s'appuyant trop sur la sensation, aboutit, lui aussi, au matérialisme; — Descartes, enfin, ce souverain de la philosophie moderne, est violemment compromis par ce monstre qu'il mit au monde : le mysticisme de Malebranche (1).

Ces exemples suffisent, il nous semble, pour prouver que le genre humain a commis tant d'erreurs, qu'il nous autoriserait à croire que, s'adonnant à

(1) Si nous prenions à témoin la philosophie allemande, bien d'autres monstruosités apparaîtraient à notre appel.

l'exagération, à l'exclusivisme et à la dégénération, il n'a fait qu'obéir à une loi constante et toujours funeste dans ses résultats.

Heureusement nous ne restons pas sous le coup de cette affligeante croyance : le dix-neuvième siècle, avec son génie *conciliateur* et *distinctif*, a démontré jusqu'aux plus aveugles que cette loi n'était qu'accidentelle, et que sa force ne provenait que de la place imposante qu'occupaient jadis d'abord l'ignorance, puis l'oppression, aujourd'hui les condescendances et les concessions coupables..... Mais comment les cosmopolites, les humanitaires, les unitaires n'ont-ils pas consenti à s'orienter sur la direction prise par la philosophie de notre époque ? C'est ce qui fait notre peine.

Être le héros de la fraternité, de l'association et de la liberté universelle, c'est un bien beau rôle à remplir ; mais connaître les conditions auxquelles l'humanité atteint ce but suprême et se prépare à la pâque de l'avenir, voilà où gît la grande difficulté. Les cosmopolites, les humanitaires, ont eu l'ambition de remplir la première de ces deux tâches ; en revanche, ils ont failli à la seconde. Pis encore, ils ont secondé et ils secondent aujourd'hui plus que jamais, sans doute à leur insu, la *conquête définitive de l'absolutisme.*

Il n'est pas de fait dans l'histoire du monde qui ait jamais obtenu plus de notoriété que celui-ci : les ambitieux et les gouvernements, pour parvenir *à l'absolutisme*, ont promis ou donné au peuple la plus grande somme de bien-être et de satisfaction matériels. L'antiquité, avec les républiques de Carthage et de Rome, nous laisse à cet égard le choix des exemples : le Carthaginois Hannon, les Romains Spurius et Manlius Capitolinus, dont les tentatives corruptrices furent vigoureusement repoussées par leurs concitoyens, nous apparaissent dans l'histoire comme trois médailles avec cette inscription : « *Triomphe de la vertu et des sentiments sur l'instinct sordide.* » Au contraire, Jules César et Octave Auguste sont deux autres médailles qui portent d'un côté l'effigie de la tyrannie, et de l'autre ces paroles : « *Échange de la liberté contre le blé. Succès de l'estomac sur le cœur et l'intelligence.* » — Si nous descendons dans les entrailles politiques du moyen âge, nous découvrons que le même procédé, qui paraît au monde ancien le plus compatible et le plus en harmonie avec la servitude, n'est point oublié; mieux encore, le moyen âge l'érige en principe. Aussi l'homme d'État florentin, le terrible Machiavel, après avoir indiqué au prince toutes les armes dont il a à se servir pour devenir un puissant despote, ajoute : « Il suffit de respecter les propriétés, d'enrichir ses sujets..., et de ne jamais toucher aux biens des condamnés..., car les hommes, il faut l'avouer, oublient plutôt la mort de leurs parents que la perte de leur patrimoine (1). »

Souverains et diplomates ont recueilli ces préceptes et ces maximes, sanctifiés par l'existence d'un absolutisme effrayant de tant de siècles, et vous les voyez, au milieu des flots où ils précipitent les libertés des peuples, invoquant tantôt le sentiment de l'*intérêt matériel*, tantôt les horreurs de l'*anarchie*. Car celle-ci « est un fantôme complaisant, dit l'empereur Napoléon III, qui sert toujours d'excuse à la tyrannie (2). »

Nous n'inventons pas, nous résumons en ces deux mots : « *intérêt* et *anarchie*, » les principaux instruments de tous ces pouvoirs despotiques, qui ont en horreur ce côté sympathique de l'homme, père du

(1) Voyez Œuvres politiques de Machiavel, *Traité du Prince ou de la Monarchie*, page 320.

(2) Voyez Œuvres de Napoléon III, *Fragments historiques*, page 29.

dévouement et de la vertu; qui ne supportent pas cette promptitude aux élans, mère des grands sentiments d'honneur et de dignité; qui étouffent toutes les nobles inspirations et aspirations; qui frappent, ici, la parole, ce verbe de feu, cette étincelle de Promethée, qui emporte l'homme dans les régions divines pour le rapprocher de son Créateur; là, la liberté, l'indépendance, le libre arbitre, la conscience, les institutions. Nous ne récriminons pas, nous attestons : les César Borgia, qui après avoir noyé dans le sang que versaient ses crimes la Romagne et tous ses droits, et toutes ses illustrations, s'acquit pour lui et pour son bourreau Ramiro d'Orco le grand renom *d'avoir rendu la paix et la tranquillité au pays;* les Charles II, qui « en remplaçant les idées d'honneur et de gloire *par le développement des intérêts matériels* (1), » insulte et aux libertés et à la dignité anglaises, vendant avec la même complaisance et Dunkerque et l'honneur d'Albion; le congrès de *Carlsbad* (1818), où, au nom du bien-être, de l'industrie, de la paix et de l'ordre, les plus chères libertés de l'Allemagne sont mises en débris, et ses plus intimes aspirations constitution-

(1) Voyez Œuvres de Napoléon III, *Fragments historiques*, page 73.

nelles et unitaires violées et étouffées; — l'année 1822, quand la Pologne proteste contre les offenses et les infractions faites à ses droits et à ses institutions, et quand l'empereur Alexandre répond au conseil de Varsovie : « Persuadez aux habitants que la patience, *la tranquillité*, *l'ordre*, sont les seuls moyens de conduire la nation *à la véritable félicité*, à la paix et au bien-être matériel; » — l'année 1831, lorsque la Pologne, voulant se débarrasser d'un pareil bonheur et d'une pareille tranquillité, se voit broyée par les bataillons des maréchaux Diebich et Paskevitz, et que la nouvelle, arrivée en France, est annoncée par M. Sébastiani à la chambre, dans la séance du 16 septembre, par cette phrase à jamais de triste mémoire : « L'ORDRE RÈGNE A VARSOVIE ; — l'année 1835, quand l'empereur Nicolas dit à la diète polonaise : « De deux choses l'une : ou persister dans vos illusions d'une Pologne indépendante, ou vivre sujets fidèles sous mon gouvernement. Si vous vous obstinez dans les rêves d'une Pologne indépendante, j'ai fait élever une citadelle, et, au moindre mouvement, *je détruirai Varsovie.* Au milieu des désordres de toute l'Europe, la Russie seule demeure intacte et forte... Croyez-moi, *c'est un bonheur véritable d'appartenir à ce pays.* Si vous vous comportez bien, mon gouvernement SONGERA A VOTRE PROSPÉRITÉ, quoi qu'il soit arrivé; » — nous attestons, répétons-le, le système administratif ayant pour base LE BIEN-ÊTRE GÉNÉRAL et rapportant TOUT AU DÉVELOPPEMENT DES INTÉRÊTS MATÉRIELS, système dont se sert aujourd'hui l'Autriche, non-seulement pour dépouiller ses provinces hétérogènes de leur principe national propre, et pour leur faire prendre à la fois le manteau germanique et le sentiment de soumission à la monarchie autrichienne, mais aussi pour extirper du cerveau et de l'âme de ses sujets toute idée et toute aspiration *vers une liberté politique;* pour leur faire accepter, en un mot, le concordat : véritable flagellation de la conscience de l'homme au dix-neuvième siècle, et franche expression de la solidarité de la papauté actuelle avec celle d'un passé que nous sommes heureux toutefois de pouvoir écarter de notre mémoire; nous attestons enfin les folles jubilations auxquelles se livrent les apologistes des ténèbres, des scandales et des atroces iniquités du moyen âge, lorsqu'ils trouvent que « le problème de la régénération sociale ne paraît plus insoluble, que les merveilles des temps écoulés reviendront avec l'âge de la foi....., » parce que « *le bon sens* » a déjà donné « la preuve de sa prompte soumission *aux principes* de L'ORDRE MATÉRIEL (1). »

Il paraît donc qu'une fatalité quelconque veut que les humanitaires marchent en sens opposé de leurs aspirations, et qu'ils fassent acheminer les peuples vers ces conditions qui ont pour dénoûment inévitable le bien-être avec la tyrannie, la paix avec la servitude. Et, le croirait-on ? des hommes qui sont au premier rang parmi les défenseurs de la liberté se prêtent complaisamment à cette œuvre abominable. Ils ont évoqué les intérêts matériels des classes pauvres, aussi bien que de celles qui vivent dans l'opulence ; ils ont évoqué les chemins de fer et les machines indispensables aux usines ; et les voici tous ensemble conspirant contre les grands principes défendus et rachetés par la ciguë de Socrate, le crucifiement du Christ, la torture de Galilée et les chaînes de Colomb.

On a beau replacer tous les jours le problème social sous son véritable jour ; les phalanges nécessiteuses, secondées ou excitées par les agioteurs, se pressent devant vos portes, vos bureaux, en criant par la bouche de leurs avocats : « Donnez-nous le pain, beaucoup de

(1) Voyez le journal ultramontain *l'Univers*, du 25 décembre 1855.

pain, le bien-être ; et ne reculez point devant des sacrifices, s'agirait-il même d'immoler *tous les droits nés du libre arbitre ;* faites que « le cours des bons hypothécaires soit forcé, l'amélioration des cultures forcée, les exploitations forcées, le travail forcé, l'éducation forcée, en un mot que tout soit forcé, rien volontaire, » pourvu que l'abondance soit substituée à la gêne, que les transactions commerciales se fassent, que l'industrie prospère, que les capitalistes se multiplient et qu'ils trouvent leur sûreté dans l'incessant mouvement de leurs capitaux.

Est-ce donc là *la foi du jour ?*

Oui.

Et ces bases en sont-elles solides ?

On ne peut plus, car elles sont taillées dans le cœur de l'époque.

Comment le savez-vous ?

Nous le savons pour nous être pénétrés de cette grande vérité, avancée dernièrement encore par un médecin distingué, que l'action des doctrines régnantes, l'action des idées en crédit, bonnes ou mauvaises, *pénètre plus avant qu'on ne le pense dans la profondeur de l'organisme humain.*

Maxime immense, éludée ou atténuée par les ignorants ou par les détracteurs de la toute-puissance des principes.

D'où vient que le sublime, le divin mot de civilisation n'éveille, à l'heure qu'il est, dans l'esprit de la majorité des hommes, que l'idéal de ce jour qui commencera par l'avénement d'un nouvel art de s'enrichir et un nouvel essor de la perfection matérielle ? C'est que les préoccupations générales (sauf de rares exceptions), c'est que les doctrines dominantes ont pour point de mire : *la matière*. C'est sous l'influence de ce vertige, dont le monde est saisi dans ce moment, que l'honorable M. Bright (1) parle devant les membres du club des ouvriers, à Manchester, des miracles et des triomphes *de la civilisation russe;* c'est par les cicatrices morales de la génération actuelle que l'absolutisme s'infiltre dans les veines de la société ; c'est dans les vastes lacunes de dignité de notre époque que s'établissent les autorités tyranniques ; et elles ne vivent que par ces mêmes lacunes.

Aussi, le pain et l'ordre dans une main, la vie à bon marché et la perspective de réalisation de gros bénéfices dans l'autre, sont aujourd'hui les traits auxquels les sociétés reconnaissent *leurs sauveurs*.

(1) Voyez la *Revue britannique* du 9 janvier 1856.

Mais l'homme du jour ne s'y reconnaît pas identique de cœur et d'intelligence à l'homme de la veille, encore moins à celui de l'avenir.

Que ne vivent de ce temps les Charlemagne, les Grégoire VII, les Charles-Quint et consorts !... Ils s'accommoderaient assez bien des armes dont se servent les cosmopolites et les humanitaires. Ah ! elles étaient d'un tout autre métal, celles dont avaient usé les communes pour humilier un Frédéric Barberousse, celles dont les Copernic, les Galilée, les Luther, les Bacon, les Descartes avaient frappé les bataillons serrés et noirs du moyen âge, dont ils avaient éteint les bûchers et brisé les échafauds ! Quelle différence entre les matériaux dont l'immortel Kant construit le temple de la *paix perpétuelle* (1) et ceux que les cosmopolites, les unitaires exposent tous les jours à nos yeux, sans la moindre chance de piquer l'attention des peuples ! Quelles seraient les impressions que feraient les doctrines de nos humanitaires sur les Leibnitz, le sublime et majestueux appréciateur et amant de la métaphysique, dans laquelle il trouvait « *une mathématique divine;* » (nous soulignons la phrase, tant elle est con-

(1) Voyez *De la Paix perpétuelle*, *Essai philosophique*, par E. Kant.

solante !) et sur les Montesquieu, le profond anatomiste des sociétés humaines, sous le scapel duquel la société, pas plus que la nation, ne peut dissimuler aucun secret, aucun mystère !

Où aboutissent donc, en définitive, les modernes cosmopolites humanitaires et unitaires ?

A un amalgame des plus bizarres et des plus lamentables ; amalgame composé :

D'un des principes de la philosophie stoïcienne, admettant, avec raison, que les hommes ne sont que des membres divers d'un même corps;

D'un des grands principes de la véritable philosophie, qui n'admet pour légitime la loi morale, qu'à la seule condition que l'homme *soit libre*, sous sa propre responsabilité de s'y conformer ou non ;

Du sensualisme et du matérialisme des Épicure, des Hobbes et des Helvétius, démolissant et ravalant la nature et la destinée humaines ;

Du système sentimental d'Adam Smith, ayant la prétention de régler la conduite humaine sur les sympathies, et exigeant de l'homme qu'il s'abdique devant le sentiment collectif ;

De la doctrine enfin de l'uniformité et de la neutralisation, de l'absorption de l'individu, la doctrine du *communisme,* dernier et suprême outrage fait à la dignité et AUX DROITS DE L'HOMME !

Qu'est-il résulté de cette promiscuité désolante ?

Un monstre hybride qui, à force de se frapper continuellement les flancs pour enrégimenter tout, pour organiser tout, a fini par soulever un tel vacarme, qu'à peine on remarque au bout l'*absolutisme déifié.*

CHAPITRE VII

L'AGE D'OR DEVANT NOUS. — LES NATIONS LIBRES ET INDÉPENDANTE. — ALLIANCE DE L'ÉLÉMENT INDUSTRIEL ET DE L'ÉLÉMENT MORAL — LA SARDAIGNE ET SON ROI. — HARMONIE UNIVERSELLE.

Faudra-t-il, cependant, à l'exemple d'un grand nombre, traiter l'industrie en chose inerte, quand il s'agit de conduire l'humanité à son grand terme, ou bien la laisser en butte aux haines et à la merci des vociférations de l'ignorance et de l'hypocrisie, parce qu'elle ne peut donner à elle seule la civilisation et le bien-être, et parce qu'elle a engendré le hideux *industrialisme ?*

Non, mille fois non !

Bacon, dans cette immortelle polémique qu'il éleva et soutint il y a déjà deux siècles passés, et par laquelle il chargea la philosophie de conduire la civilisation vers l'avenir qu'il lui avait préparé, Bacon, disons-nous, dans cette polémique, avait démontré que « l'*âge d'or n'était pas derrière nous, mais devant.* » En présence de cet encourageant et grand principe, les portes gothiques des vieilles traditions, des antiques préjugés, des anciennes opinions, perdirent tout leur prestige : la foule se pressa devant elles, non pour y passer, mais pour jouir de les voir s'abaisser jusqu'au sol, se rétrécir jusqu'à l'imperceptibilité d'une ligne, car à côté d'elles l'homme pratiquait des brèches énormes dans la muraille vierge et terrible des ténèbres du moyen âge.

Il est temps d'inscrire, à notre tour, au haut du frontispice de notre époque le principe de Bacon.

Il marquera un progrès nouveau dans la philosophie et dans les connaissances du dix-neuvième siècle.

Entre l'esprit envahissant et agglomérateur de l'absolutisme aidé par l'industrialisme, et les dangers d'une uniformité léthargique résultant de la doctrine du cosmopolitisme, il y a un intervalle sur lequel vit et se meut *quelque chose* qui, sans nous étourdir par le bruit des armes, et sans se faire remarquer au passant par l'emphase du geste, de la parole, ou l'attitude menaçante de la force brutale mise en décor, n'en a pas moins un beau et touchant éclat, un noble et imposant caractère. Ce *quelque chose*, ce sont les peuples *libres* qui, sortant d'une seule famille, aussi modeste qu'elle fût, se sont constitués en petits États indépendants, chez lesquels la valeur personnelle, le libre arbitre, la dignité, sont les principaux instruments dont ils se servent pour franchir silencieusement l'espace qui les sépare de ce degré définitif et suprême réservé à l'homme. Infatigables pionniers, ces peuples défrichent le domaine de la féodalité et du monopole; ils pratiquent la liberté en tout : ils admettent à la fois le libre échange des idées comme celui des produits matériels; ils travaillent pour être les premiers producteurs; non pour que les autres peuples leur soient donnés en commandite, mais pour être les premiers à colporter le progrès et la richesse dans le monde, les premiers à tenir dans leurs mains le fil qui conduit dans l'obscur et vaste labyrinthe de l'avenir.

Eh bien, chez ces peuples libres, chez ces petits États indépendants même qui n'occupent qu'une assez modeste place sur la nappe géographique, mais qui sont retrempés à la source des grands principes de vérité, de liberté et de justice, il existe un équilibre admirable entre l'industrie et les sciences exactes ; il en existe un pareil entre les sciences abstraites et les beaux-arts, unis à la philosophie, à l'histoire, à la poésie, en un mot, entre le progrès industriel et le progrès moral. C'est à tous deux qu'ils demandent le bien-être et la lumière ; c'est à tous deux qu'ils prêtent appui, sans permettre que l'un empiète sur l'autre, de manière à retarder l'élévation de l'édifice qui par tous les deux seulement peut s'achever. Là les usines fonctionnent autant que les universités. Si une chaudière mal construite fait sauter une des premières, les autres restent intactes ; si une théorie mauvaise se fait jour dans l'une des secondes, elle reste sans écho, le vide se fait autour d'elle, car la liberté est un purgatoire divin ; là où elle domine, les marchés ne supportent que de bons produits ; la concurrence universelle permettant au mérite de s'étaler dans toute sa force et au grand jour, et d'obtenir les palmes de gloire qui lui reviennent de droit, l'incapacité, le vice ne trouvent aucune place (1).

(1) L'Angleterre en est un exemple des plus éloquents. Nulle part la liberté de la presse n'est plus illimitée, nulle part aussi

Eh bien, en énonçant, même fort imparfaitement, ces vérités, il nous semble avoir extrait quelques lignes de ces pages de l'histoire contemporaine où sont consignés les progrès immenses, quoique différents, de la Hollande, de la Suisse, de la Belgique, de la Sardaigne. Mesurez la distance qui les séparait, il y a quelques années, de la première nation industrielle, l'Angleterre; ensuite, rappelez-vous le petit intervalle qu'on voyait à l'Exposition entre leurs produits et ceux de l'Angleterre; elles s'en sont rapprochées à ce point, disait dernièrement M. Michel Chevalier, qu'il y aurait de la présomption à celle-ci à s'attribuer désormais une supériorité effective sur celles d'entre les nations qu'elle a pu longtemps envisager d'un œil dominateur.

Qu'on vienne nous dire encore que le développement du progrès universel souffre de la diversité des peuples !

Quel fut en Europe l'interprète de l'Angleterre, qui dut traduire au monde les avantages immenses, incontestables, de la substitution du *libre échange au protectionisme* par l'application dans sa propre famille,

les mauvais livres, les livres immoraux et scandaleux ne meurent plus vite et plus tristement. A peine naissent-ils qu'ils reçoivent pour salut le mépris et l'indifférence.

dans sa propre maison, de ce grand principe? Ce fut la Sardaigne! Ce fut son roi, Victor Emmanuel, le roi de l'esprit de l'époque, le puissant roi par conséquent, qui se chargeait, par des accents sortis d'une bouche royale, de troubler les vieilles gens dans le triomphe de la routine. Ce que le Piémont y a gagné est incalculable : d'un côté, « son industrie est plus forte que jamais; ses populations ont plus de bien-être; sa politique plus de relief; le trésor plus de ressources; » de l'autre, le Piémont a révélé le plus incontestablement ce grand mystère de civilisation, de paix et de fraternité : *la liberté et l'indépendance de tous les peuples doués de vitalité.*

Enseignement qui mérite notre attention! Il est un de ceux que la Providence sème sur la route de l'homme. Malheur à celui qui l'écarte du pied et passe son chemin! Le sommeil qui dure trop amène sur l'homme le fer. *Ferreus urget somnus*, antique maxime, rajeunie sans cesse par l'à-propos de son application!

L'Europe a aujourd'hui en réserve la plus magnifique perspective.

La carrière du fatal *exclusivisme est close;* l'instinct naturel des peuples à former un seul faisceau dans la vérité de ces grands principes antérieurs et supérieurs à toute espèce de gouvernement, cet instinct naturel, disons-nous, prend des proportions colossales : tout tourne au profit de l'humanité ; nous entrons dans la civilisation *naturelle;* les nations libres et indépendantes ont crié à celles qui mériteraient de l'être : « Suivez-nous, » et elles se sont mises en route, en répétant avec saint Martin : « Comment aurions-nous de l'inimitié pour les hommes? *nous sommes conviés tous à la même table.* »

Entraver cette expansion, c'est accomplir la proscription de la PAIX, ajoutons aussi de la CIVILISATION.

CHAPITRE VIII

LA DIPLOMATIE; SES FAUTES; SA FAUSSE POSITION; MOYENS DE L'EN TIRER. — DÉFINITION DE LA DIPLOMATIE; SON ORIGINE; GRANDEUR DE SES PREMIERS ACTES. — DÉCADENCE DE LA DIPLOMATIE; ABSENCE DE PRINCIPES : EMPIRISME. — RENOUVELLEMENT DE LA DIPLOMATIE; SA MISSION.

Ces vérités, qui nous semblent l'interprétation des intérêts réels du genre humain, n'ont pas assez, dit-on, de l'étroit espace que la diplomatie accorde aux besoins du temps et de la civilisation.

Objection qui révèle une fois de plus le mécontentement qu'on a du passé et les prétentions qu'on émet pour l'avenir.

Ce mécontentement et ces prétentions ne sont pas un crime.

Lorsque l'homme, revenant à la lumière, remonte jusqu'à la source des principes éternels de justice, de progrès et de conservation pour en emprunter les éléments dont il a besoin dans le parcours de sa carrière, il cherche en même temps à connaître tout ce qui lui avait fait perdre une partie de ces principes. C'est un des côtés remarquables de la raison humaine. L'homme s'afflige au souvenir des malheurs; mais il s'effraye au pressentiment des dangers. Pour prévenir donc ces derniers, il brise avec les fautes du passé, dans la crainte de perdre de vue la ligne droite.

De même, cette Europe qui est depuis si longtemps le fauteur et la victime de tant de misères et de secousses, se redresse aujourd'hui, et grâce à la raison épurée par l'analyse de son histoire, elle veut se prémunir contre le retour des anciennes erreurs. Nous regrettons vivement que, pour les extirper, les peuples regardent comme condition nécessaire la mort de la diplomatie. On aurait à craindre pour elle, cette condition étant l'expression d'une vieille protestation formulée contre les diplomates, et le résultat d'une foule de rancunes, d'un silence longtemps imposé, de mille excès d'un débordement moral longtemps non contenu. Et les jours orageux, trop récents pour en parler encore, ont réchauffé même ces passions et ces torts historiques auxquels la main du temps avait ôté l'âme.

A qui cependant imputerons-nous ce malheur? Aux événements? Qui les a produits en grande partie?

Le ressort immense du mouvement moral des peuples n'est-il pas placé entre les mains des diplomates? Ne sont-ils donc pas responsables des explosions qui surviennent entre les nations; et les peuples n'ont-ils pas le droit de les traduire devant leur tribunal? Et quand le coupable se refuse à subir la sentence prononcée, n'appelle-t-il pas naturellement sur lui les effets de la force coercitive? Oui; — et voilà en même temps l'explication de bien des révolutions. Après leurs apaisements, les diplomates n'avaient qu'à en faire l'autopsie, ils y auraient découvert une grande dose des éléments qui constituent leur politique.

C'est là, empressons-nous de le dire, ce qui non-seulement a créé une fausse position à la diplomatie européenne, mais encore a rendu facile le triomphe des exagérations politiques dont nous sommes environnés, et auxquelles les passions viennent bien plus en aide que le raisonnement.

La fixité dans la position est devenue impossible; — le repos est précaire. L'antagonisme va son train. Chacun court vers des pôles opposés. Les uns accumulent sur la tête de la diplomatie tous les lauriers possibles; les autres la couvrent d'invectives; d'autres enfin se vouent à la rude besogne de concilier les deux extrêmes.

Dites maintenant que la diplomatie a dévié des véritables principes, qu'elle a oublié son rôle, qu'elle n'a pas été ce qu'elle aurait dû être, les premiers crieraient au *jacobinisme;* dites qu'il peut exister une diplomatie qui ne soit pas hostile à la morale, mais utile aux intérêts de l'humanité, les seconds crieraient au *rétrograde;* dites qu'il faut séparer les erreurs et non pas les réconcilier, créer de nouveau et non réparer ce qui est vicieux, les troisièmes crieront à la *témérité*, pis encore, à l'*utopie*. Ainsi, loin que la lumière s'augmente, on ne fait que l'obscurcir davantage.

Il reste néanmoins une grande ressource à la disposition des cabinets pour faire cesser cet étrange état de choses, dont les conséquences seraient peut-être un jour difficiles à conjurer; cette ressource, c'est une forte et libre *discussion* sur la diplomatie. Quand chacun se sera expliqué clairement, quand chacun aura proclamé les titres de sa croyance, il sera aisé à l'homme en possession d'une idée absolue du vrai et du bien dans la diplomatie, de passer toutes ces diverses opinions dans l'alambic de l'analyse, et de nous apprendre les propriétés de chacune d'elles. La raison ne perdra jamais ses droits. Elle brisera les titres usurpés, elle déchirera les masques trompeurs, elle rendra la vérité là où l'on sème l'erreur, la vie là où l'on veut démolir par fantaisie, l'impulsion là où l'on craint la réédification. Les mystères qui enveloppent la diplomatie s'éclairciront. La diplomatie apparaîtra à tous les yeux. On dira si elle est une superstition de la politique, une vieille cabale, un revenant ou un être vivant, une illusion ou une réalité : toutes les fois que deux pôles opposés se touchent, il jaillit une lumière nouvelle, a écrit l'illustre SCHELLING.

Bien des nœuds se dénoûraient.

Bien des mensonges disparaîtraient.

Bien des craintes s'évanouiraient.

Bien des vertiges cesseraient.

La clarté sera grande, même pour la vue la plus basse.

Mais en abandonnant, pour le moment, et cette tâche réservée à un avenir plus ou moins rapproché, et la situation politique actuelle qui occupe déjà les diplomates et les publicistes, nous nous demandons si la diplomatie, dont on fait en quelque sorte un monde sur lequel tous les télescopes sont dirigés, et dont l'importance s'affirme même par les dénégations qu'on en fait avec tant de chaleur, serait simplement une fiction, une équivoque de l'esprit moderne, ou bien un héritage qu'il aurait reçu de l'ancien monde. Tant de religions propageant tant de foi, tant de guerres coûtant tant de sang et d'or, tant de progrès répandant tant de lumières, n'ont-ils pas suffi pour affranchir le monde d'une telle bizarrerie tragique, appelée diplomatie ?

Arrêtons-nous cependant. Ne glissons pas dans le vide : il ne crée rien. Si les siècles ne se renvoient pas seulement de purs symboles, si l'humanité tourne chaque jour une page de la science, la diplomatie, pour avoir eu le droit de prendre une place si large dans les annales des peuples, a dû avoir une noble origine et une forte raison d'être.

Souvent les définitions évitent, à peu de frais, les complications sur des thèses qui n'exercent si fréquemment la dialectique que pour revêtir d'une certaine légitimité les malentendus. Aussi commencerons-nous par reproduire une définition de la diplomatie que nous empruntons à un nouveau Dictionnaire qui la formule telle que nous-même nous l'avons toujours conçue : « La diplomatie est la science des rapports et « des intérêts de puissance à puissance. On désignait

« auparavant cette science sous le nom de politique « extérieure ou science des ambassadeurs..... Le rè- « glement des rapports des nations entre elles, la pro- « position et l'acceptation des traités, la détermination « et la réglementation des ambassades, *enfin l'applica- « tion du droit international*, voilà les attributs de la « diplomatie. »

Retracer cette définition, c'est évidemment retracer le rôle de la diplomatie. Elle est une science réelle, s'appliquant à des êtres réels. A quoi servirait une plus longue explication sur ce point?

Maintenant, où commence cette science?

Ce fut, pendant quelque temps, un caractère des sociétés modernes, de se méprendre sur la diplomatie en commençant même par la date de sa naissance. Le grec δίπλωμα leur suffit pour leur faire croire que l'invention appartenait aux Grecs, et que longtemps après, dans un siècle assez rapproché de nous, la diplomatie surgit des combinaisons des cabinets. Mais qu'importent les mots? On ne les prend jamais pour des dates. De même que l'homme vit peut-être dans un âge primitif quelconque, sans connaître sa propre désignation d'homme, se contentant seulement de jouir de toutes les facultés inhérentes à sa nature; de même le sciences, dans ces temps immensément reculés, se développent et se pratiquent sans qu'elles aient un nom quelconque; ou bien, si elles en avaient un, assurément elles l'auront changé mille et mille fois, jusqu'à ce que le dix-huitième siècle vînt les baptiser d'une manière précise. Aussi le moment où nous trouvons l'application de cette science dont nous avons donné la définition, quel que fût le nom dont on l'appelât, ce moment, disons-nous, a vu naître la diplomatie.

La formation des nationalités et des peuples a eu, nous l'avons déjà dit dans un des chapitres précédents, à côté d'incommensurables avantages, un gros cortége de misères et de douleurs. La guerre les résume. Eh bien, l'HOMME qui le PREMIER se révolta contre les dévastations des combats, qui s'interposa entre deux massues, et par la seule PAROLE arrêta le pillage et l'effusion du sang, et arrangea les rapports et les intérêts de deux peuplades, cet HOMME-là fut le premier DIPLOMATE. Ah! c'est en lui que l'archéologue, noblement soucieux de régler la *préséance* des civilisations, doit saluer la première conquête de la *force immaterielle* sur la *force matérielle, brutale*, c'est-à-dire le premier grand pas dans le progrès.

Divine rébellion, pacifique intervention de ces âges

primitifs, que n'avez-vous pu vous constituer en permanence à travers les siècles postérieurs !

L'étude de la diplomatie des États dans une certaine époque de l'antiquité est d'autant plus intéressante, qu'arrivant au milieu même des ténèbres de ces temps, elle fait le plus consolant contraste avec cette autre diplomatie dégénérée, prédestinée à survivre à d'innombrables transformations, et dont le perfide et astucieux Macédonien Philippe jeta les premiers fondements le jour où il se constitua le champion du temple de Delphes et l'exécuteur des décrets de l'Assemblée amphictyonique, dans la coupable intention d'outrager et d'asservir et les dieux qu'il avait invoqués et les peuples qu'il avait juré de défendre. Représentons-nous par la pensée ces anciens peuples, — anciens maîtres des Grecs et incontestables aïeux de la civilisation, — qui se meuvent et se heurtent les uns contre les autres entre la Méditerranée et la mer des Indes, entre l'Éthiopie et la Chine, et qui, fiers et déchaînés, faisant reculer toute frontière devant eux, ne cherchent, chacun à son tour, qu'à élever le trône de leur maître sur les débris de celui de tous les autres, comme si, dans ces époques, la domination universelle ou l'anéantissement étaient les deux seuls termes de la destinée d'un État. Eh bien, au milieu de ces causes qui rendaient les guerres très-fréquentes, les violations plus faciles et presque inévitables, la diplomatie a su bien des fois faire écouter sa voix et faire accepter ses décisions. Est-ce par une magie? Est-ce par un jeu du hasard? Ni l'un ni l'autre. C'est par la seule *stabilité* de PRINCIPES que la diplomatie s'est acquis une pareille force. Elle avait saisi, en quelque sorte, l'idée d'un *droit universel antérieur et supérieur* aux sociétés et aux peuples, et elle l'invoquait dans ses transactions; — elle avait reconnu la *légitimité traditionnelle des peuples et des trônes*, et elle l'opposait aux appétits envahissants et usurpateurs; — elle avait revêtu les *Contrats* ou *Traités publics* d'une si grande autorité, « qu'à la moindre tentative de violation, les archives étaient consultées; tous les actes émanés du grand Roi, ou contractés en son nom, y étaient soigneusement conservés. Si la réclamation était juste, on y faisait droit sans aucun délai, et quelles que fussent d'ailleurs les oppositions intéressées. Les livres d'Esther, de Néhémie et d'Esdras en offrent de nombreux exemples (1). »

(1) Voyez page 36 du MANUSCRIT d'un PHILHELLÈNE, publié par M. TOULOUZAN. Dans cet écrit remarquable par son érudition, quoique souvent entaché d'une certaine partialité dans

Il serait difficile de s'arrêter devant ces faits sans s'en étonner et sans en emporter un enseignement et des regrets. Qu'il est coupable le présent qui fait trop beau jeu à son passé!... Ce n'est pas nous qui renchérirons sur les qualités du Passé. Nous savons qu'il est l'enfant gâté de l'imagination de l'homme; nous savons qu'on a trop diminué ses torts, qu'on a vu à la loupe jusqu'à ses plus fragiles mérites. Cependant, comment nous empêcher de répéter, nous aussi, après tant d'autres, un de ces actes de l'antiquité qui sont l'immortelle preuve que la diplomatie vengea un moment la loi morale universelle, et pensa à la conservation de l'homme dans l'humanité entière. Nous voulons parler de Syracuse, de son héroïque résistance à trois cent mille Carthaginois qui avaient envahi son territoire, de la mémorable victoire qu'elle remporta sur l'ennemi près d'Himère, et du traité que son roi

les appréciations, on trouve un tableau synoptique des différentes diplomaties qui se sont succédé. Nous-même nous nous sommes attaché à l'étude de ces diplomaties, et avons espéré d'être à même de donner quelques renseignements puisés à de bonnes sources. Malheureusement les circonstances nous ont fait restreindre fort rigoureusement le cadre de cet opuscule. Aussi avons-nous enfermé la plus volumineuse partie de notre travail sur la diplomatie dans ces cartons qui remettent leurs espérances à un lendemain.

Gélon imposa aux vaincus : traité dont la première condition était que les Carthaginois ABOLISSENT LES SACRIFICES HUMAINS.

C'était là une noble diplomatie! c'était là un glorieux passe-port à travers les générations futures!

Allait-elle justifier leur confiance?

Non.

Il est démontré que l'homme croit à un progrès continu, à un développement incessant, à une marche constante. Rien ne saurait lui enlever cette croyance : elle est assise dans son organisation intellectuelle et morale, et elle s'atteste par le mouvement progressif et sans fin dans lequel se trouvent les sociétés humaines. Quand elles rétrogradent, elles s'abdiquent; quand elles s'arrêtent, elles meurent. « Car la NATURE, dit Goethe, dans son impulsion éternellement reçue et transmise, dans le développement organique des êtres, ne connaissant ni repos ni arrêt, elle a attaché sa MALÉDICTION à tout ce qui retarde et suspend le mouvement (1). » Si le temps et les éléments dans lesquels l'homme vit ne ralentissent jamais leurs pas et ne font que se développer perpétuellement, comment l'homme se séparerait-il de ces lois dans ses œuvres, dans les sciences, par

(1) Voyez *Aphorismes sur la nature*, par Goethe, page 4.

exemple? Et quand il frappe de cette affligeante exception une science quelconque, quel autre sort est réservé à cette dernière, sinon celui de l'enfant rabougri s'étiolant dans ses langes?

Voilà pourquoi, après avoir vu poindre brillamment la science diplomatique et après en avoir reconnu les premières bases, nos regards cherchent à trouver ses roues tournant dans les eaux du progrès. Concevoir et déterminer, expliquons-nous encore, la naissance d'une science et son application, c'est, nous semble-t-il, concevoir et affirmer l'existence de cette science dans la succession des âges; affirmer ou attester cette existence, c'est être conduit forcément à l'idée du perfectionnement de cette science. L'humanité ne perd aucune des connaissances acquises à n'importe quelle échelle du temps : toutes les connaissances sont pour elle un héritage qui lui échoit infailliblement à l'infini. Et l'homme de chaque époque, guidé par la civilisation, en détache les parties, non pas pour les détruire, mais pour en renforcer une science quelconque ou pour en former un nouveau système : la vérité n'est altérée dans aucune de ces transformations où l'esprit humain échange volontiers, dit Schiller (1), une forme vieillie et

(1) Voyez *Discours sur l'histoire universelle*.

défectueuse contre une forme plus riche et plus nouvelle.

Cependant, l'histoire de la diplomatie européenne démentira ces vérités. Seule, la diplomatie marchera à rebours des lois naturelles; et pour les trouver en défaut, professeurs et élèves feront marcher de front contre elles erreurs, anachronismes, contradictions, astuces, triomphes plus ou moins éphémères, revers plus ou moins remédiables... Qu'un jour les diplomates dressent leur bilan, qu'ils additionnent les succès obtenus, qu'ils additionnent aussi les échecs essuyés, qu'ils soustraient ces derniers des premiers, que la différence obtenue comme gain soit ZÉRO, rien ne leur fera renoncer à de nouvelles mais semblables entreprises, qui les mèneront au même résultat négatif, véritable faillite de diplomates à peuples. Ils supplieront les créanciers d'avoir égard aux circonstances atténuantes; ils leur feront une remise escomptée en espérances, et la spéculation recommencera. On partira par divers chemins, on naviguera sur différentes mers; mais en diligence comme en vaisseau, en chemin de fer comme en bateau, on fera fausse route, faute d'itinéraire et de boussole. Le fatal *zéro* reparaîtra de nouveau, toujours plus nul et plus désespérant!

Les Romains furent les grands coupables. C'est à eux qu'appartient le concept d'une diplomatie ayant tous les avantages de l'intelligence sans reconnaître les limites tracées par l'équité et la morale. Ce sont eux, les habiles mais trompeurs architectes, qui ont élevé l'édifice le plus imposant, et l'ont revêtu sans cesse de nouvelles formes, sans se soucier aucunement des bases sur lesquelles ils l'avaient bâti; tellement les opulentes dépouilles de tant de provinces les garantissaient, pensaient-ils, contre la crainte d'un écroulement! — En effet, Philippe de Macédoine parut à Rome une pauvre figure de diplomate. Elle le concevait bien autrement gigantesque. Voyez ces Féciaux, qui traversent le *Forum,* interprètes, gardiens ou *prêtres de la foi publique*, selon M. de Vattel (1). Ils commenceront par mentir à cette même *foi publique;* en son nom, ils enverront leurs aigles ravager les peuples; en son nom, ils convertiront leurs alliés (*socii*) en esclaves, leurs protégés en martyrs. Le monde sera conquis. Et la folie humaine, dans un de ses plus excusables excès, donnera à Rome le titre d'*éternelle*. Mais la folie en sera pour ses frais. La *loi de compensation* viendra exercer ses droits. Si Octave Auguste renvoie ironi-

(1) Voyez le *Droit des gens*, par M. de Vattel, tome Ier, p. 8.

quement *ad græcas calendas* le moment de réaliser les prières des peuples qui lui demandaient l'indépendance et la liberté, les empereurs Honorius et Théodose le Jeune ont beau faire des promesses de liberté générale et de reconstitution des nationalités dans une confédération des peuples, toutes les nations restent impassibles devant ces déclarations en face de la défaillance de l'empire, et, A LEUR TOUR, elles remettent le soin de le sauver à la hache d'Odoacre. Rome tomba. Par sa chute elle confirma la maxime, si admirablement démontrée par Herder, *que tous les pouvoirs destructeurs dans la nature doivent céder dans le cours des âges aux pouvoirs conservateurs* (1).

Et pourtant la diplomatie romaine, immense construction bien capable de séduire et de leurrer l'imagination humaine, devait être ramassée, replâtrée et rebâtie par l'Europe, en miniature, bien entendu, malgré les projets et les efforts de Charlemagne, de Grégoire VII, de Charles-Quint, de Louis XIV ou de Napoléon Ier, de l'empereur Nicolas enfin. Quoique le diagnostic de la maladie qui tua Rome fût assez bien établi dans plusieurs histoires, les hommes au pouvoir n'y ont plus

(1) Voyez Herder, *Idées sur la philosophie de l'histoire de l'humanité*, tome III, livre XV, chap. II, page 100.

pensé, les vicissitudes auxquelles ils sont soumis étant trop nombreuses et trop écrasantes. Créateurs de faits et d'événements, les conquérants, marchant réellement ou dans leurs rêves ambitieux à la domination du monde, n'ont pas un seul instant de réflexion à donner aux *principes* qui produisent, amènent ou détruisent faits et événements. Et comment s'acquitteraient-ils de cette rude tâche? Les *principes* ne leur appartiennent pas; l'épée d'un maréchal ou la plume d'un archi chancelier n'en enfantent aucun. Les *principes* remontent à la cause des causes, ils demandent qu'on se soumette. L'homme ébloui et entraîné dans les nuées de la puissance et de la gloire, ne pouvant leur commander, ne voulant non plus leur obéir, *les oublie :* ainsi la femme égarée, quand elle a perdu la vertu et qu'elle ne se sent plus la force ni de la ressaisir ni d'y revenir, la bannit de sa mémoire. Mais les *principes* n'en perdent pas pour cela leur empire. Ils conservent intactes dans l'être humain les fibres d'indépendance et de liberté, fibres qui sont des forces motrices pour les peuples, et qui se manifestent toutes les fois que l'oppression s'étend jusqu'à eux. La révolte en redouble et la séve et l'activité.

Nous l'avons déjà dit, le cadre de cet humble écrit

ne prête nullement à l'analyse de l'histoire diplomatique. Il ne nous est donc pas permis de nous abandonner à l'enchaînement des faits. Nous supposons, d'ailleurs, le lecteur suffisamment édifié à cet égard pour espérer que nos aperçus, quelque imparfaits qu'ils soient, seront considérés comme le tableau sincère de plusieurs époques. D'un autre côté, pourquoi nous précipiter ici dans le dédale des événements pour en retirer la part qui reviendrait à la politique pratiquée par les cabinets dans les relations internationales? Que ferions-nous de ces débris obscurcis et ensanglantés? Ne leur jetons pas au visage ces reproches des siècles; soyons indulgents.

L'histoire n'est jamais plus à craindre que lorsqu'elle n'a plus besoin de puiser des forces dans les détails pour formuler ses sentences. C'est qu'elle aura pesé alors hommes et époques, et qu'elle les aura réunis en un seul corps, en un seul être vivant, qu'elle cite à son tribunal. Telle est, aujourd'hui, la position de l'histoire vis-à-vis de la diplomatie. Celle-ci ne s'est pas ménagé un seul refuge : on a passé dessus mille fois. Aussi, à peine osons-nous rappeler, même à grands traits, les signes caractéristiques de sa décadence. Mettons en présence, d'une part, la diplomatie telle que nous l'avons déjà définie et telle que M. le comte de Flassan la détermine, en lui reconnaissant la mission de pourvoir à la sûreté et à l'harmonie des Etats, de tâcher, par des explications promptes et par des interventions amicales, de prévenir ou de terminer promptement les guerres, de faciliter les rapports des peuples par les avantages réciproques du commerce, et concourir *par des procédés libéraux à les réunir dans une commune société de frères* et d'amis; et, de l'autre côté, l'Europe éplorée et couverte de ruines en des circonstances si diverses et pour des causes si différentes; des empires et des royaumes se déchirant sur terre et sur mer; là, la religion poussant les peuples à s'immoler dans des luttes douloureuses; ici, la politique semant la division et la haine entre les États; ailleurs, la révolte excitée et les échafauds dressés; partout du sang et des larmes; les guerres se multipliant à la suite de chaque traité de paix; des trônes renversés et des peuples rayés; tout ce que la gloire peut donner de bonheur, et le revers d'amertume; la liberté tantôt noyée dans l'anarchie, tantôt expirante sous le despotisme; des exilés de toutes les nations, traînant dans des villes étrangères leur malheur et leur colère; des trames ourdies dans le mystère et le feu alimenté dans la nuit ; l'incendie embrassant d'une seule flamme presque tout le continent; des couronnes, les unes insultées, les autres brisées ; la joie manifeste; des retours soudains et inattendus; partout des espérances déçues, nulle part la satisfaction donnée...

Oh ! vienne l'homme, dont l'esprit et le cœur, se plaçant dans l'immense espace qui sépare ces deux mondes hétérogènes, sachent les concilier par un bien quelconque !

Mais pour qu'elle s'écartât si étrangement et si loin de sa voie prédestinée, la science diplomatique, que nous avons toujours regardée comme une des plus pures manifestations de l'intelligence, a dû être entraînée par une force puissante, autour de laquelle viennent se grouper toutes les autres causes secondaires, comme de simples conséquences.

Expliquons-nous aussi brièvement que possible.

La valeur de la diplomatie est tout entière dans les PRINCIPES, l'idée fondamentale sur laquelle elle repose. Ces *principes* doivent être, il va sans dire, les *principes* de vérité, de justice et de liberté, éternels et immuables, indépendants des temps et des lieux. Les hommes d'État, les diplomates, voulons-nous dire, par les observations les plus savantes sur la philosophie, sur l'histoire, sur les sciences naturelles et sur les mathématiques, reçoivent de trop grands enseignements, pour que la conviction ne se soit pas gravée dans leur âme, que là où ces *principes* ne sont ni faussés ni négligés, la politique est brillamment imposante par l'ordre et par l'architectonique; mieux encore, elle est inattaquable, invulnérable. Malheureusement, comme la diplomatie s'applique à un nombre infini de faits et d'événements, on s'est imaginé que la science diplomatique était simplement « *un jeu tout de spontanéité et de génie.* » C'est une grosse erreur qui, quoique formulée en ces termes de nos jours, n'est cependant qu'un reflet de ce qui s'est pratiqué en Europe. La diplomatie s'est convertie de vieille date en SCIENCE EMPIRIQUE. Il nous semble que cette dénomination résume en elle tout le côté affligeant et désastreux de la diplomatie.

Il s'ensuit donc qu'une politique au jour le jour a été la politique des diplomates;

Que retenir tout ce que leurs prédécesseurs ont commis d'erreurs a été le but et le fruit de leur mémoire;

Qu'avoir la faiblesse de les accepter a été leur caractère.

La main d'un diplomate ne pouvait, par conséquent, tracer un plan pour l'avenir; ou, s'il le traçait, il le calquait sur le passé. Le lendemain arrivait. Les diplomates trouvaient le monde bien loin de l'endroit où ils l'avaient laissé la veille. Alors, les efforts pour l'arrêter commençaient. Mais contre qui lutter? contre la nature? impossible!... Qui arrêter? l'homme? autant valait-il vouloir arrêter le jour, la nuit, la pensée, la respiration, l'air, le cours des saisons! Ces moments de la plus *belle vitalité* des peuples constituaient, pour les diplomates, des moments de CRISE, de *danger*, de *mort* même. Ils avaient raison de le croire. Tout les dominait, tout pouvait leur tenir tête, car tout ce qui se remuait était soutenu par la force des principes. Et en présence de ces phénomènes graves, c'est avec un sourire amer que l'on contemple le néant où s'engloutissent tant de combinaisons soi-disant diplomatiques pour soutenir sur leurs bras une maison qui n'a plus de fondements!...

Le génie a été invoqué très-souvent dans des conjonctures difficiles et pénibles. Le génie! Il dérobe à la nature, dirons-nous volontiers avec Marmontel, des secrets qu'elle n'a révélés qu'à lui, il pénètre plus avant dans notre cœur que nous n'y pénétrions nous-mêmes avant qu'il nous eût éclairés. Mais jamais, jamais le génie n'a la force de dérober ni de soustraire le plus mince ressort de la nature ou de notre cœur. C'est en se modelant sur eux, c'est en les observant religieusement, que le génie se rehausse à nos yeux et qu'il s'impose à notre sympathie. Les génies l'ont bien su, et ils s'y sont conformés. Que ceux donc qui ont agi contrairement à cette règle, en voulant détruire tantôt les *peuples viables*, dont l'existence est attachée aux plus intimes anneaux de la nature, tantôt *la liberté* innée dans notre cœur, tantôt les notions des vérités éternelles qui alimentent les sociétés comme les peuples, les peuples comme l'humanité, que ces hommes-là, répétons-nous, s'appellent de quel nom l'on voudra; mais ni Charles-Quint ni le cardinal de Richelieu n'ont été *des génies* ni même *des grands hommes*. Il s'en faut de beaucoup. Les grands hommes apparaissent sur la scène du monde, comme pour aider au temps, aux époques, aux efforts des peuples, à la civilisation.

Aussi, dit encore en philosophe M. Cousin, l'esprit de son peuple et de son temps, voilà l'étoffe d'un grand homme, c'est là son véritable piédestal, c'est du haut de l'esprit commun à tous qu'il est grand et commande à tous.

Si le génie a fait défaut à la diplomatie empirique et

rétrograde, l'*habileté* lui fut surabondamment accordée. Les diplomates, pareils à quelques peuplades de l'Orient, pour lesquelles les vieilles reliques de quelques prétendus saints sont plus précieuses que Dieu lui-même, ont toujours préféré les erreurs traditionnelles des chancelleries à la plus pure lumière qui jaillit du temps et des connaissances nouvelles. C'est à perpétuer ces erreurs qu'ils ont mis presque toute leur ambition. Rude tâche, en vérité! L'habileté leur suffira-t-elle pour l'accomplir? Il paraît; car on la recherche avec une telle persévérance, qu'on serait tenté de croire qu'elle est considérée, dans une époque quelconque, comme seule constituant le diplomate. « *Etes-* « *vous houroux, monsou, êtes-vous houroux, c'est-à-dire,* « *gagnez-vous souvent* AU JEU? JE PARIERAI POUR VOUS. » C'était la question stéréotypée que le cardinal Mazarin adressait à toutes les personnes qui sollicitaient de lui des places dans la diplomatie. Et la diplomatie, pour bien longtemps, est tout entière dans cette fameuse phrase du ministre d'Anne d'Autriche. C'est dans cet esprit qu'elle marche; c'est sous une pareille enveloppe qu'elle gît ensevelie... Deux traits historiques dépeignent cette école diplomatique et la caractérisent.

Représentons-nous les Sarmates qui, désespérant de

vaincre les Romains, leur envoyèrent des ambassadeurs tellement habiles, qu'ils demandèrent la *paix* pour CENT ANS : mais sous *la restriction mentale* de la *rompre* DEUX ANNÉES après. Voilà pour sa politique concernant les traités.

Rappelons-nous le noble Castillan qui, par ordre de Philippe II, étrangla l'infant don Carlos. Il importait que celui-ci ne criât pas; aussi, l'habile homme disait-il au malheureux prince, tout en lui passant le nœud au cou : « Paix, seigneur don Carlos, paix ; *tout* « *ce qui se fait n'est que pour votre bien.* » Voilà pour sa politique à l'égard des peuples.

Quiconque désirerait plus d'exemples pourrait s'en procurer à discrétion.

Nous ne tenterons pas, pourtant, de nier à cette diplomatie une profondeur qui, jointe à l'éclat d'un certain vernis, a commandé très-souvent l'admiration. En revanche, ces qualités brillantes mêmes l'ont rendue la tourmente à la fois des peuples et des trônes. Donner à sa politique un air grave à force de l'envelopper d'une forme mystérieuse et incompréhensible, la relever davantage dans le respect des peuples en lui imprimant le caractère fantastique et pédant du moyen âge, voilà à quoi la diplomatie a tendu. Jamais comparaison plus exacte ne saurait mieux être établie qu'entre cette politique et le gothique dont nous parle M. Michelet (1), qui faisait bruit, ostentation de calcul et de nombres. Le sacro-saint nombre 3, le mystérieux nombre 7, étaient soigneusement reproduits, en eux-mêmes ou dans leurs multiples, pour chaque partie de ces églises. « Remarquez bien, disait-on, ces 7 portes et ces 7 arcades, cette longueur de 16 fois 9 (9 lui-même est 3 fois 3) ; ces tours ont 204 pieds, c'est-à-dire 17 fois 12), encore un multiple de 3, etc., etc. Bâtie sur 3 et sur 7, cette église et très-solide. »

Assise sur ces nébuleuses combinaisons, la politique est grande, durable, s'est-on écrié.

Malheureusement, cette inextricable complication où elle plonge, ou plutôt où elle sombre, ne lui fera pas acquérir plus de force que l'église gothique n'en obtenait de « cette armée d'arcs-boutants, ces énormes « contre-forts, cet éternel échafaudage qui semble ou- « blié du maçon. Retirez-les ; laissez les voûtes se sou- « tenir d'elles-mêmes. Tout ce bâtiment, vu de près, « communique au spectateur un sentiment de fatigue. « Il avoue, tout neuf encore, sa caducité précoce. On « s'inquiète, on est tenté, le voyant chercher tant

(1) Voyez *Renaissance*, par J. Michelet, Introduction, p. LXXVI.

« d'appui, d'y porter la main pour l'y soutenir. »

La diplomatie, une fois réduite avec sa politique à la dernière faiblesse, personne n'a osé lui tendre la main. Pour les peuples comme pour les individus, elle était un objet d'épouvante, et chacun lui prêtait des formes aussi monstrueuses que pouvaient les enfanter la haine et l'imagination effrayée. Le jour où le prince de Talleyrand, dans sa notice sur le comte Reinhard, trouvant l'occasion de développer les devoirs d'un diplomate, disait : « Qu'un ministre des affaires étrangères ne devait cesser un moment, dans les vingt-quatre heures, d'être ministre des affaires étrangères, » ce jour-là eut une nuit remplie de rêves et de visions pour bon nombre de gens simples et honnêtes, tant le trop judicieux conseil de l'homme d'État donnait lieu à des interprétations diaboliques. Et ce même jour, M. de Talleyrand s'écriant : « Non, la diplomatie n'est point une science de ruse et de duplicité ; si la bonne foi est nécessaire quelque part, c'est surtout dans les transactions politiques, car c'est elle qui les rend solides et durables ; » ce jour-là, le dernier appareil qui couvrait encore les trop nombreuses blessures de la diplomatie empirique fut solennellement déchiré. M. le prince de Talleyrand eut le malencontreux mérite de prendre la défense de la diplomatie sur un point tel, que le mentionner, c'était constater le jugement de l'opinion publique. La longue carrière de M. de Talleyrand en était la plus forte preuve, contrairement à cette page qu'on rencontre au milieu de toutes les pierres précieuses écloses sous la plume de M. Villemain, et où l'illustre écrivain trouve « que M. de Talleyrand ne trahissait personne, mais qu'il retenait *peu* ceux qu'il voyait sur le penchant de l'abîme, et qu'il oubliait *vite* ceux qui étaient tombés (1). » C'est, nous semble-t-il, donner une indulgence à trop bon marché à l'homme d'État qui a su trop « prospérer sous des températures et dans des conditions fort diverses. » Du reste, il y a toujours quelque chose qui pousse l'écrivain à poétiser ou à absoudre plus libéralement tous les derniers chapitres de l'histoire d'un peuple ou d'un siècle. A ce titre, M. le prince de Talleyrand mérite cette déférence ; il est le dernier rejeton de la diplomatie *empirique*, éminemment habile, mais sans principes, sans moralité, sans vitalité.

Cette diplomatie est déjà morte ; il reste seulement à l'enterrer. Ne nous en inquiétons donc pas davantage.

(1) Voyez *Souvenirs contemporains d'histoire et de littérature*, par M. Villemain, seconde édition, première partie, page 93.

Ce n'est plus là qu'une simple affaire de salubrité publique (1).

Viendra-t-on, cependant, nous opposer l'alternative ou de supporter encore le cadavre, ou d'abjurer à jamais la science diplomatique?

Une telle objection n'est point admissible.

Il appartint, tout le monde le sait, à la dépouille

(1) A Dieu ne plaise que nous ayons l'air d'avoir pris à partie tous les hommes qui se sont adonnés à la diplomatie depuis le cardinal Richelieu jusqu'à nos jours. Nous ne faisons pas la guerre aux personnes, mais aux systèmes. Faudra-t-il répéter pour la dixième fois que dans un tableau aussi affligeant que celui que nous offre la diplomatie dans son ensemble, et que dans un travail aussi étroitement circonscrit que cet opuscule, quelques honorables figures diplomatiques, éparpillées çà et là, ne pouvaient trouver place? Il ne s'ensuit pas que nous ne sachions aimer et respecter les drapeaux qui ont été enlevés ou ramassés par elles sur le plus périlleux des champs de bataille, celui de la politique. Sans remonter à la renommée enviable du comte de Vergennes et à celle du duc de Choiseul, qui disait au jeune abbé de Périgord et à d'Hauterive que lorsqu'on « est avec la MORALE, l'honneur et la fidélité, même ce qui est hardi réussit très-souvent; » sans remonter et puis redescendre à quelques autres illustrations qui ont honoré les gouvernements successifs, qu'il nous soit permis de nous en tenir à l'Orient, et de dire que dans les dernières années le péril immense qui s'attachait aux protectorats de Pétersbourg avait fini par enfanter une nouvelle école de diplomatie pratique. Un agent politique, entre autres, qui s'était trouvé en plusieurs rencontres engagé seul avec les avant-postes russes dans les principautés moldo-valaques et en Suède, ne prenant conseil que de sa

mortelle du grand Cid, maintenue quelques instants de plus sur le cheval que montait le héros vivant, de remporter une victoire posthume. Cette faveur ne sera pas accordée à la dépouille mortelle de la diplomatie empirique et rétrograde : Cid n'avait signalé sa vie que par des succès et des services immenses rendus à sa patrie, tandis que cette diplomatie n'a guère laissé derrière chacun de ses pas qu'une goutte de sang et une larme arrachées à quelque peuple de l'univers.

Les sociétés humaines, pas plus que les peuples, ne se laissent gouverner par les morts. Les empires anéantis, les institutions tombées, n'exercent de l'influence sur les générations suivantes que par l'enseignement des fautes qui les ont précipités dans la tombe, ou par les quelques fruits qu'ils ont cueillis pendant leur existence : ce sera la seule part réservée aussi à la diplomatie *empirique* : on tiendra compte de

vieille expérience et de ses sentiments, avait placé le drapeau de la France sur un terrain d'observation et d'attaque d'où pouvaient naître pour la Porte comme pour les puissances occidentales les plus précieux résultats. Pareil aux soldats de son pays, il avait mis sa plus chère récompense dans le témoignage d'un noble devoir accompli! Nous voulons parler de M. Adolphe Billecocq, ancien agent dans les principautés du Danube ; aussi a-t-il laissé là des souvenirs et des regrets qui n'ont leur équivalent que dans les trésors de notions rapportées par lui sur les questions du jour.

tout ce qu'elle aura fait de bon et de juste, et on observera religieusement les leçons qu'elle aura reçues sans en profiter, ou celles qu'elle aura su transmettre sans en jouir. S'obstiner à vouloir rétablir ces empires et ces institutions, ce serait peine inutile. Ni la mémoire des choses passées, ni la volonté la plus énergique ne rendraient cette tâche plus facile ou moins irréalisable. S'il suffisait pour les faire revivre de redresser leurs anciennes bases écrasées, rien de plus aisé. Mais c'est précisément dans la nature de ces bases que s'est trouvée la raison de leur mort. Et nos efforts ne peuvent y remédier. La vie ne vient à rien du dehors seulement. Aussi ne savons-nous que galvaniser un cadavre et non le ressusciter. Opérer le renouvellement intérieur, y semer le principe et la séve de la vitalité, c'est là l'unique moyen de ramener à la vie ce que nous voudrons relever. Avec ce qui vit de sa propre existence, qui se meut par son propre mouvement, l'homme vivant, la société existante, veulent et peuvent communiquer et échanger leurs forces : cette réciprocité de respiration et de chaleur, de lumière et d'impulsion, constituant l'âme de la nature et du genre humain.

Maintenant, ne vouloir plus de la diplomatie *empirique*, est-ce ne plus désirer la véritable science diplomatique? Avoir déclaré le prince de Talleyrand le dernier élève de la première, est-ce prétendre que la seconde n'a et n'aura pas de brillants maîtres et de solides disciples?

Non.

La diplomatie a paru dès la première formation des peuples et des États; elle existera tant qu'il y aura des États et des peuples. La vie des nations, fussent-elles dans le plus grand progrès, ne cessera de contenir des sources de dissidences, résultant le plus souvent de ce *luxe de vitalité politique des États*, qui n'est en réalité qu'une agitation naturelle, préservatif contre la *monotonie*. Pour que ces différends internationaux ne dégénèrent en luttes acharnées, ou pour qu'ils soient réprimés par les alliances morales sans avoir recours aux armes, la diplomatie doit occuper une place remarquable : ***elle est aux peuples et aux États ce que la Médecine est à l'homme.*** Comme la médecine, elle est prédestinée à rendre des services dont l'immensité n'est guère facile à exprimer, mais dont la haute valeur est appréciée par chacun de nous, soit que nous ayons le bonheur de vivre en paix, en liberté et en progrès, soit que, privés de ce bonheur, nous sentions toute l'importance de sa possession.

La comparaison établie entre ces deux sciences implique logiquement l'idée que la diplomatie, pareille à la médecine, doit former une vraie science, avec toutes ses perspectives de développement et de perfectionnement. Que serait devenue la médecine si elle se fût arrêtée à sa première station? Un métier obscur, incapable de guérir aucune maladie, mais bien propre à les aggraver toutes. Qu'est-elle aujourd'hui? Des milliers d'êtres soulagés ou sauvés à tous les moments du jour nous le disent éloquemment! Qu'est-il arrivé, au contraire, par suite de la stagnation de la diplomatie? Un monde de douleurs nous l'apprend!

L'heure du retour à la GRANDE DIPLOMATIE avec la GRANDE POLITIQUE a sonné. Mettez-vous à l'œuvre, vous qui tenez le pouvoir en Europe! Tout vous y convie. Le *dix-neuvième siècle* vous en donne le *mandat*. Le remplir, c'est substituer les traités qui rendent la liberté aux peuples *viables* aux traités qui les opprimaient;

Les conventions unissant les États aux conventions qui les divisaient;

Les pactes garantissant la pensée et sa libre expansion aux pactes qui les écrouaient et les prohibaient;

Les manifestes déclarant libres et les mers, et les fleuves, et les détroits, et les isthmes, aux manifestes qui les fermaient, les taxaient, les hérissaient de canons;

Les engagements inaugurant l'alliance de toutes les sympathies, de tous les élans, de touts les intérêts au profit de toute l'humanité, aux engagements qui les séparaient à l'avantage de chacun;

La sagesse de suivre la NATURE à la folie de lutter contre la *nature.*

Ces principes formeront désormais le CATÉCHISME de la *diplomatie.* Et l'Europe sera SAUVÉE. Sauvée, disons-nous, car la fameuse parole de Lagrange, que ce globe d'abord brûlant et fluide dans toute sa masse l'est encore à l'intérieur et *n'a de consolidé que son écorce,* cette grande vérité d'histoire naturelle, répétons-le, peut s'appliquer depuis plusieurs années, hélas! à l'état politique et moral de l'Europe... La révolution a agité et agite encore dans l'ombre sa hache destructive; la révolution s'est établie en quelque sorte en permanence sur notre continent, parce que les souffrances s'y étaient de vieille date placées en permanence, parce que les médecins-diplomates faisaient défaut et que le terrain était tombé sous la domination des démagogues et des rhéteurs, qui, pareils « aux devins, n'ont obtenu de crédit que durant les grandes calamités. »

ÉPILOGUE

Quelques petites notes détachées de celles dont un jeune homme, renfermé dans son humble cabinet d'étude, s'efforce d'enrichir ses cahiers et sa mémoire; quelques-unes de ces modestes pages écrites dans les pauses qu'on s'accorde volontiers entre les heures de travail, voilà de quoi se compose cet opuscule.

Si je pouvais lui faire reconnaître ces titres fragiles, ce serait avoir trouvé justice, et m'être assuré une généreuse indulgence. S'il m'était permis d'espérer qu'on rencontrera peut-être, dans ces pages trop incomplètes, une seule ligne droite s'allongeant à travers d'autres lignes courbes, je serais plus qu'encouragé; je serais heureux de l'offrir comme un *présage* au moins d'un contre-poids futur à tant de bienveillance, de conseils et d'encouragements que je reçois tous les jours de la part de plusieurs des plus grandes illustrations de notre siècle, depuis que j'habite la terre hospitalière de cette belle France, magnifique foyer d'intelligence et de civilisation.

Ce n'est point un idéal chimérique, ou bien une illusion éclose sous le beau ciel de l'Orient, qui nous fait quitter nos pays lointains pour venir nous grouper autour d'un collége, d'une bibliothèque, autour de *quelques* HOMMES (1) de Paris. On s'y trouve avoir un passé et un avenir; — on aime à se rappeler et à espérer.

Je reviens avec beaucoup d'embarras au devoir de dire quelques mots encore sur cette faible ébauche, tant elle me semble avoir besoin d'excuse.

Cette belle langue française a été un martyre sous la plume d'un étranger. Je ne comprends que trop combien je suis coupable à son égard. Si mon désir de la connaître autant que je l'aime pouvait m'absoudre! Si mon désir sincère pouvait m'obtenir son pardon!

Que serait-ce s'il fallait parler de tous les côtés faibles de mon écrit? Je n'en mentionnerai qu'un. Peut-être qu'en donner l'explication ce sera expliquer les causes des autres. J'ai toujours eu en horreur le procédé de généraliser. On en a beaucoup trop abusé de nos jours pour qu'il ne soit pas de mauvaise grâce d'en user quand même il serait indis-

(1) Si les pamphlétaires, malgré leurs adeptes recrutés jusque parmi des étrangers qui se fâchent de ce que Paris possède des attraits pour ceux-là même qui ont en horreur l'étude et le travail; si les pamphlétaires, disons-nous, pouvaient savoir à quelle *triste risée* ils s'exposent *à l'étranger*, assurément la premiere clause de leur contrat avec l'éditeur serait celle de ne point faire passer la frontière à un *seul* exemplaire de leurs élucubrations désespérantes. Comment la France est-elle plus indulgente?

pensable de ne toucher aux choses qu'à vol d'oiseau. Et cependant j'ai passé par là plus que tout autre. J'ai tourmenté les abstractions des thèses qui sont le fond de la vie des peuples ; à peine ai-je effleuré les *événements*... contraint de renoncer à faire un livre, pour ne présenter aujourd'hui au public qu'un sommaire d'une partie de questions à la solution desquelles je m'applique sincèrement, ou tout au plus un article qui, sans avoir la prétention d'effacer aucune ligne du programme actuel des cabinets, voudrait porter quelques fruits ; car connaître la vérité par fragment est encore quelque chose, a dit M. Villemain.

GANESCO.

Paris, le 8 mars 1856.

FIN.

TABLE DES MATIÈRES.

CHAPITRE PREMIER.

CHAPITRE II.

CHAPITRE III.

CHAPITRE IV.

CHAPITRE V.

CHAPITRE VI.

CHAPITRE VII.

CHAPITRE VIII.